468 SPANISH BUERO VALLEJO
 Buero Vallejo, Antonio,
 El tragaluz /

MAY 12 2001

MIDDLETON PUBLIC LIBRARY
DATE DUE

D0685780

Middleton Public Library

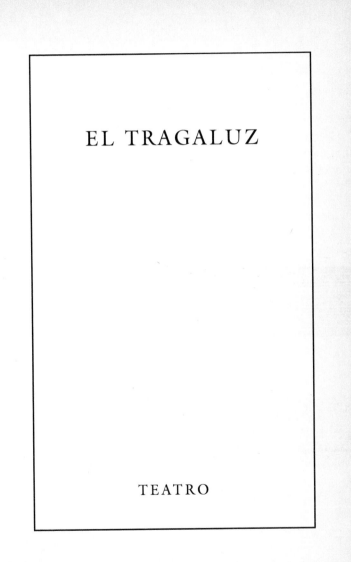

EL TRAGALUZ

TEATRO

ANTONIO BUERO VALLEJO

EL TRAGALUZ

Edición
Luis Iglesias Feijoo

COLECCIÓN AUSTRAL

Primera edición: 22-XII-1970
Vigésima cuarta edición: 9-IX-1997

© *Antonio Buero Vallejo, 1967*

© *De esta edición: Espasa Calpe, S. A., Madrid, 1970, 1992*

Diseño de cubierta: Tasmanias

Depósito legal: M. 27.210—1997

ISBN 84—239—7302—6

Reservados todos los derechos. No se permite reproducir, al-
macenar en sistemas de recuperación de la información ni
transmitir alguna parte de esta publicación, cualquiera que
sea el medio empleado —electrónico, mecánico, fotocopia,
grabación, etc.—, sin el permiso previo de los titulares de
los derechos de la propiedad intelectual.

Impreso en España/Printed in Spain
Impresión: UNIGRAF, S. L.

ESPASA

Editorial Espasa Calpe, S. A.
Carretera de Irún, km 12,200. 28049 Madrid

ÍNDICE

EL TRAGALUZ

INTRODUCCIÓN

*A Darío Villanueva,
por el realismo*

En octubre de 1992 se han cumplido veinticinco años del estreno de EL TRAGALUZ. El público la acogió de manera extraordinariamente favorable y la mantuvo en cartel toda la temporada 1967-1968. Este éxito se explica por la calidad intrínseca de la obra, pero a él contribuyó asimismo el hecho de haber sido la primera que desde la escena hablaba sin rodeos de las consecuencias de la guerra civil española de 1936-1939.

Para los espectadores de aquel tiempo, en que resultaba tan difícil proclamar lo más evidente y llamar a las cosas por su nombre, encerraba mucho de revulsivo la historia de la familia refugiada en el semisótano, cuyas vidas habían sido medio destruidas a raíz de la contienda fratricida. No olvidemos que, durante muchos años, el concepto mismo de «guerra civil» estuvo desterrado de casi todas las publicaciones, que lo sustituían por otro nada ambiguo: para la ideología triunfadora, el enfrentamiento fue una «Cruzada» religiosa contra el ateísmo.

Entonces, cuando el sistema redoblaba los esfuerzos para mantener incólume una configuración política que la dinámica de la realidad social estaba socavando de manera imparable, presentar un panorama como el exhibido en EL TRAGALUZ era una empresa arriesgada. Desde luego, podemos estar seguros de que en aquellos momentos, un escalofrío recorría el patio de butacas cuando en el transcurso de la representación un personaje exclamaba, desde la desolación de su recuerdo: «¡Malditos sean los hombres que arman las guerras!»

Hoy, a un cuarto de siglo de distancia, este drama se ha convertido en un clásico del moderno teatro español. Objeto de análisis para muchos investigadores de la escena contemporánea [1], publicado en ediciones anotadas, leído por miles de alumnos españoles de Bachillerato como parte de su programa de estudios, EL TRAGALUZ ha ganado nuevas perspectivas, mientras algunos de los aspectos más relevantes cuando su estreno han perdido lógicamente su carácter polémico. Pero ello no es nada excepcional, aunque sólo las obras de especial densidad significativa, como la presente, se enriquecen con los años.

Todas las producciones humanas cambian, en efecto, con el tiempo, al modificarse la sociedad y el hombre que la constituye. Las obras literarias no escapan a esa ley, y *dicen* nuevas cosas aunque no varíen ni una letra. Si esto es evidente cuando nos enfrentamos a las escritas en siglos pretéritos *(Fuenteovejuna, La vida es sueño),* no es menos cierto con las más recientes, aunque entonces la escala se reduzca.

En consecuencia, para entender, por caso, los dramas del Siglo de Oro y averiguar su sentido original, el historiador literario aclara los textos y desentraña las circunstancias del pasado en que se gestaron y que pueden ser desconocidas desde el presente, lo cual no impide que sigan hablando a los hombres actuales; pero lo hacen desde su época y los significados con que se han ido adornando parten de aquel sentido literal. La tarea es la

---

[1]   Para lo que toca al teatro de Buero en conjunto, puede verse mi monografía *La trayectoria dramática de Antonio Buero Vallejo,* en cuyo capítulo XVII desarrollé un análisis de *El tragaluz,* que se actualiza y completa ahora (todos los trabajos citados en la presente introducción hallan su referencia en la bibliografía final).

misma cuando estamos ante obras contemporáneas, si
bien la diferencia cronológica y cultural sea evidentemente
menor.

Volviendo a lo que ahora nos importa, EL TRAGALUZ
fue escrito en plena España de Franco y no deben olvidarse los difíciles avatares de su nacimiento, en dura pugna
con la censura existente y los intereses por ella defendidos.
No obstante, comprender qué significó el drama en 1967
no supone verlo como algo de mero interés histórico. Por
el contrario, sin perder nada de su valor como documento
de un tiempo y un país, su sentido permanece vivo hoy. Y
aun es posible que sea más fácil percibirlo con toda su
profundidad desde una época como la actual, menos ase-
diada por intereses extrateatrales.

En estos años España ha modificado de raíz el modo de
configurar políticamente la convivencia social, con el paso
de un régimen autoritario a la democracia. Los orígenes
del presente no están ya en la guerra civil y por tanto es
obvio que todo lo referido a su influjo sobre la familia de
Mario y Vicente sigue teniendo un interés dramático y
patético, pero ha dejado de ser un problema vivido y
con-vivido por el público. La España de 1967 se nos revela
como algo por fortuna cada vez más remoto, del mismo
modo que, para las promociones jóvenes, la contienda de
1936 no parece mucho más cercana que la Guerra de la
Independencia.

Observaremos, pues, inicialmente qué decía EL TRAGA-
LUZ en 1967, para contemplar luego qué nos sigue diciendo hoy o qué es lo que ha mantenido más fresca su
vigencia, aunque este ejercicio sea un tanto convencional
y acaso sólo sirva para realizar una exposición más orde-
nada, lo que no sería pequeña ganancia.

Un viaje por el tiempo como el propuesto parece tanto
más apropiado para una obra que basa su estructura en
un juego cronológico, pues los hechos que presenta se
suponen recuperados por máquinas y ordenadores que
manejan hombres de un remoto siglo futuro, no precisa-
do, pero que designaremos como el siglo XXX.

Este planteamiento, próximo a la ciencia-ficción, parte de la idea de que entonces será posible recobrar el pasado, pues las imágenes de lo que existió perduran por siempre en el espacio[2]. Desde ese futuro hecho presente dentro de la ficción se proyectan las sombras de unos sucesos 'ocurridos' en Madrid hacia 1967. Ahora, un cuarto de siglo más tarde, cuando ese año ha pasado a ser pretérito, nos hemos convertido sin quererlo en imaginarios colegas de los hombres del siglo XXX, lo que curiosamente incide sobre uno de los supuestos básicos del drama, como tendremos ocasión de ver.

«EL TRAGALUZ» EN 1967

Tras diez años de trayectoria teatral, abierta en 1949 con *Historia de una escalera,* Buero Vallejo inició con *Un soñador para un pueblo* (1958) una fase marcada, no tanto por el hecho de situar la trama en el pasado histórico, como por la decidida voluntad de plantear problemas abiertamente políticos y sociales[3]. El modo de ejercer el gobierno de un país, en la obra citada; el debate entre el poder coercitivo y la libertad de expresión del artista, en *Las Meninas* (1960); la crueldad en la explotación de los

---

[2] Aborda este aspecto Nel Diago, «El teatro de ciencia-ficción en España: de Buero Vallejo a Albert Boadella», en el colectivo editado en 1990 por Cristóbal Cuevas. Por cierto que carece de sentido su afirmación (pág. 186) de que me 'equivoco' en mi libro por creer que *El padre de Cristina Alberta,* de H. G. Wells (1925), pudo aportar los aspectos «científicos» de la obra. Allí sólo señalé (pág. 356) que el mismo Buero mencionó esa novela, que entonces yo no conocía, como una fuente de inspiración. Hoy, tras haberla leído en la traducción publicada en Madrid, M. Aguilar, sin fecha, pero hacia 1930, cabe añadir que influyó en el motivo de la locura de El padre. En cambio, puede proceder alguna sugerencia relacionada con la ficción científica de *The Time Machine* (1895), del mismo autor, en la que se viaja hasta el futuro, en concreto al año 802701.

[3] Véase al respecto el prólogo a mi edición de *Un soñador para un pueblo* en esta Colección Austral, núm. 75, Madrid, 1989 (reedición en 1992).

indefensos por el empresario que encarna un sistema económico-social, en *El concierto de San Ovidio* (1962), fueron pasos sucesivos en una dirección nada equívoca.

Y, desde entonces hasta 1967, el silencio: ninguna obra nueva del autor fue representada en España durante esos años, con la excepción del fugaz y fracasado estreno de *Aventura en lo gris* (sólo duró ocho días en 1963), aunque se trataba de un texto de 1949 y ya publicado en 1954, que hablaba de dictadura, guerra y opresión.

Sin embargo, Buero no permanecía en silencio por voluntad propia. En 1964 había terminado otro drama, *La doble historia del doctor Valmy,* cuyo acceso a las tablas no había sido permitido. A ello contribuyó la reticencia de la censura a autorizar una obra en que se exponían crudamente las torturas cometidas por la policía política de un país con régimen autoritario; pero además influía la vigilancia que el poder estaba ejerciendo sobre los intelectuales que, en un período de especial efervescencia social —que hoy puede verse como el inicio del fin de la atonía franquista—, habían protestado en 1963 por la represión policíaca ejercida contra unos mineros asturianos en huelga y sus familias.

El público desconocía, pues, el *Valmy* cuando se produjo el estreno de EL TRAGALUZ, que estaba concluida desde el otoño de 1966. Como se observa con claridad, Buero, para romper el silencio involuntario que venía manteniendo desde hacía casi cinco años, no eligió un tema más complaciente o evasivo. Por el contrario, fiel a su propósito de hacer del escenario plataforma crítica de la sociedad contemporánea y enfrentar al espectador con los problemas reales de su entorno, traía a la memoria colectiva el espinoso tema de la guerra civil.

Y la perspectiva elegida para recordarla distaba de ser favorable para la ideología imperante, que no en vano fundamentaba su dominio precisamente en la victoria de 1939. Buero, militante del bando republicano y condenado a muerte al fin de la contienda, creaba la historia de una familia perteneciente a 'los vencidos'. El padre, funcionario en un ministerio, había sido depurado en el furioso vendaval de represalias contra los no adictos que el nuevo Régimen desató desde su acceso al poder.

Las palabras de Vicente en su último parlamento evocan aquel festival de locura homicida en que «la vida humana no valía nada»: «habían muerto cientos de miles de personas... Y muchos niños y niñas también..., de hambre o por las bombas...». Su amargo resumen no podía dejar a nadie impávido, pero el nudo de la obra no se ceñía a los tres años de lucha. Tras ella, se había sucedido la larga cuaresma de la posguerra, en la que aquellos 'vencidos' no hallaron otro acomodo que el precario refugio del sótano donde todavía los vemos.

De este modo, el tragaluz por el que atisban la calle y que no por azar da título al drama pasa a ser uno de sus símbolos mayores, de carácter polivalente, sin duda, pero que en su faceta socio-política remite de continuo a la marginación sufrida por los perdedores, recluidos en tales submundos. A lo largo de ese tiempo oscuro y áspero, esos «años difíciles» en que, como dice Mario, les tocó crecer y hacerse hombres, Vicente ha aprendido modos de comportamiento que ahora, ya adulto, despliega con brutal eficacia.

Él es alguien adaptado al sistema y bien instalado en él. Sabe lo que quiere y no le importan los modos de conseguirlo, aunque para ello tenga que atropellar o explotar a sus semejantes, pues ha visto desde niño cómo se ejerce el desprecio hacia el ser humano. En suma, Vicente ha 'subido al tren', como se expresa por medio de otro de los símbolos de la obra. Él mismo lo reconoce en la anagnórisis final: «Y ahora habré de volver a ese tren que nunca para...»

La visión de tan crudo panorama no podía complacer a todos y, desde luego, molestó sobremanera a los partidarios del Régimen vigente, alguno de cuyos corifeos saltó a la palestra para dedicar al autor un ataque personal. Además, como desasosegante confirmación de que las tesis denunciadas por el drama seguían muy vivas, proclamaba que ante el progreso económico de España (el famoso «desarrollo» mencionado por Mario) había «que coger el tren (...) Y echar por las ventanillas del tren a los canallas que se pudiera»[4].

Este aspecto de compromiso político —en el sentido exacto del término—, tan vivo en 1967, corre el riesgo de pasar hoy desapercibido y por ello ha sido preciso rememorarlo. El propósito de intervención en el debate cívico de la España franquista, entablado entre el poder y una oposición que deseaba libertad y democracia, no agota el sentido de la obra. Pero, de ignorarlo, perderíamos parte de lo que significa.

Tras las parábolas históricas que recreaban el pasado español y después de haber expuesto con *El concierto de San Ovidio* la violencia de una sociedad basada en la explotación del hombre por el hombre, Buero intensificaba el tono crítico con un planteamiento de mayor claridad. Ahora ya no cabían dudas ni excusas: se estaba hablando de España y del tiempo presente. Y, como el clásico, podría susurrarle al espectador: *de te fabula narratur* (Horacio, S, I, 1, 69-70).

Frente a quienes defendían que era preciso olvidar la guerra para construir el futuro, se plantea como tesis la necesidad de asumir el pasado, por duro que resulte. Queda así entablada una dialéctica olvido/recuerdo, que en cualquier caso sugiere que no se puede echar tierra sin más sobre lo ocurrido.

En el universo de la familia, tanto Encarna («Hay que olvidar, Mario») como La madre («Hay que olvidar aquello») se inclinan hacia uno de los polos, movidas acaso por un instinto femenino que prefiere la piedad a la justicia. Por eso también La madre rechaza el papel de juez («No quiero juzgarlo...», dirá de su hijo Vicente), que en cambio

---

[4]   Las palabras son del entonces director del periódico de los sindicatos oficiales, Emilio Romero; véase su artículo «Un sótano y el tren», *Pueblo*, núm. 8.744, 10 de octubre de 1967, pág. 2.

Mario asume decididamente («yo, desde aquí, te estaré juzgando»; «Pareces un juez»).

Ahora bien, el olvido puede llevar consigo la mentira, como el caso de Vicente ejemplifica, y en el teatro de Buero ésta nunca prevalece sobre la verdad. Bien lo aclaran desde su altura temporal los comentarios de los investigadores: «siempre es mejor saber, aunque sea doloroso». La historia transcurrida hasta su siglo XXX les ofrece una lección, que también debía aplicarse al caso español: «Durante siglos tuvimos que olvidar, para que el pasado no nos paralizase; ahora debemos recordar incesantemente, para que el pasado no nos envenene.»

Se alude así al riesgo que para la convivencia se avizoraba en 1967. Fundamentarla sobre la ficción de que la guerra estaba superada era imposible; basarlo todo en una hipotética vuelta atrás que anulase sus efectos parecía ilusorio. EL TRAGALUZ ofrecía una plataforma para reflexionar colectivamente sobre ello y apuntaba como síntesis un intento de conciliación que, asumiendo el pasado con todo su significado, encarase el porvenir con lucidez. El hijo de Encarna que Mario está dispuesto a hacer suyo simboliza en el desenlace tal propuesta.

Otro aspecto que en la época del estreno encerraba sutiles discrepancias frente al sistema establecido lo ofrece la concepción fuertemente historicista que sustenta el drama, subrayada por el tratamiento temporal elegido. La trama, al determinar que el presente del espectador quedara reducido a cenizas, desplegaba una aguda conciencia de transitoriedad y sugería lo pasajero de todas las formas políticas, en aguda disonancia con el patrioterismo oficial.

El Régimen, en efecto, alimentaba el deseo imposible de alcanzar una absoluta inmutabilidad, que no quería ver discutida. Por ello, el inmovilismo parecía haberse convertido en ideal de gobierno, impuesto con maneras sumamente dogmáticas. Frente a tal actitud, resultaba un benéfico ejercicio de relatividad oír cómo los investigadores, que recuperan la historia desde el fondo de los siglos, declaran que esta «sucedió en Madrid, capital que fue de una antigua nación llamada España».

Todo pasará, proclama la escena, en el mismo sentido que *Un soñador* había exclamado: «Las naciones tienen que cambiar si no quieren morir definitivamente», o que en *Las Meninas* se decía: «Señor, dudo que haya nada inconmovible. Para morir nace todo: hombres, instituciones... Y el tiempo todo se lo lleva... También se llevará esta edad de dolor» [5]. Si esos dramas históricos eran parábolas que hablaban del pasado para iluminar el presente, EL TRAGALUZ puede ser calificada en cierto modo de obra histórica 'al revés' o *a posteriori:* el presente se ilumina en ella desde el futuro ficticio, pues es una obra histórica... del siglo XXX.

También aquí todos los protagonistas (Mario, Vicente...) están muertos al comenzar la acción, como lo están Esquilache o Velázquez, según sabe el público [6]; pero con ello tocamos un elemento que afecta a la estructura. No cabe, por tanto, tratarlo dentro de este apartado, cuyo propósito se ceñía al examen de lo que era más representativo en 1967.

Lo que hemos visto hasta ahora no ha perdido su interés, pues lo único que varía es su incidencia vital sobre los

---

[5] La cita de la primera obra, en la página 108 de la edición mencionada en la nota 3; para la otra, véase *Las Meninas,* Madrid, Alfil, 1961, págs. 123-124.

[6] Ya utilicé la fórmula 'obra histórica al revés' en mi monografía de 1982. No parece haberla entendido Manuel V. Diago, según se deduce de sus palabras recogidas en la página 59 del coloquio editado por Cristóbal Cuevas. Con ella simplemente quería señalar que, al igual que las obras históricas de Buero se desarrollan en un tiempo pasado y obligan al público a con-vivir en él (el presente de la escena es pretérito), *El tragaluz* hace lo mismo, pero al revés: el presente de los investigadores es futuro. Pero tanto una como las otras hablan de la actualidad, sin duda, aunque es obvio que la nuestra también la presenta en la historia rescatada por los ordenadores. En la conciencia del espectador se produce un constante juego temporal al comparar lo que ve con lo que sabe por su experiencia vital; y todas estas obras instauran la misma pungente vivencia del paso del tiempo.

espectadores actuales o futuros, pero a partir de aquí toca considerar aquello que sigue vigente, y que ya estaba asimismo en EL TRAGALUZ hace veinticinco años. Tales aspectos, menos atendidos entonces, muestran que, aun siendo un autor que gusta de arraigarse fuertemente en los problemas de su época, Buero Vallejo no escribía tan sólo para su tiempo. Él no es el dramaturgo de la España franquista, aunque haya creado en ella parte de su obra. De ahí que los dramas mantengan su frescura original y, como en el caso del presente, los tengamos por obras clásicas.

«EL TRAGALUZ» EN LA ACTUALIDAD

Como acabamos de ver, el estreno de EL TRAGALUZ pudo centrar la atención sobre el compromiso cívico que comportaba, pero Buero supo siempre, desde su primera obra, que ante todo era un autor dramático. Ello significaba que, por muy grande que fuera su preocupación ética, política o social, nada de valor haría con ellas si no partía del supuesto de que estaba escribiendo teatro.

Hoy, en momentos en que parece menos urgente la concepción de éste como instrumento de intervención en la vida colectiva, público y crítica se muestran más dispuestos a atender otras consideraciones, como la habilidad constructiva o la innovación estructural. Sin embargo, para el autor los planos ético y estético nunca fueron opuestos ni estuvieron disociados. De ahí que, a lo largo de toda su trayectoria, escribir obras comprometidas y a la vez formalmente arriesgadas e innovadoras implicara un único objetivo.

Por lo que se refiere a EL TRAGALUZ, vamos a observar cómo su estructura supone una apuesta arriesgada y constituye asimismo la más clara refutación de quienes sugirieron entonces o después que la voluntad experimentadora del autor resultaba un gratuito juego formalista.

La perspectiva temporal

EL TRAGALUZ es un «experimento», tal como reza su subtítulo; pero este tiene más de un sentido. Se trata de un «experimento» teatral que encierra otro: el de los hombres del futuro. «Bien venidos. Gracias por haber querido presenciar nuestro experimento», es lo primero que dicen al comenzar la obra. Así, situados en el terreno de la ficción, nos obligan a compartir con ellos un hecho básico.

El presente de la obra es ese indeterminado siglo XXX, desde el que aquellos seres nos interpelan como si fuéramos contemporáneos suyos, con lo que resultamos ficcionalizados, al vernos convertidos, lo queramos o no, en individuos del futuro que asisten a unas sesiones dispuestas por un enigmático Consejo, en que acaso no sea arriesgado ver la encarnación de un poder universal único.

¿Qué investigan Él y Ella? Historias de un pasado lejano que, en el caso de la sesión que *ahora* les ocupa, se remonta a 1967. Por un juego temporal nada gratuito —el primero de los varios 'juegos' que hay en la obra—, el presente real del público se convierte en algo muy remoto y los hombres que en él se mueven han desaparecido hace ya mucho, son sólo «unos pocos árboles, ya muertos, en un bosque inmenso».

Dentro del drama, lo único «real» es el siglo XXX y Mario, Vicente o El padre son sólo sombras, fugazmente recobradas para caer de nuevo en el olvido. Ahora bien, por grande que sea la empatía teatral, el público nunca se ve arrastrado por la acción hasta el punto de perder del todo su conciencia. Y es precisamente la fisura que en ella existe entre la vivencia de lo que ve en escena como algo real y la certeza de que todo es ficción donde EL TRAGALUZ instala, en el interior de la mente de cada espectador, la temerosa posibilidad de ser también pasado, de estar asistiendo a la propia posteridad.

Así, la introducción de esa lejanía temporal confiere perspectiva para poder ver lo contemporáneo a gran dis-

tancia, pero, de otro lado, en cuanto que como espectadores somos seres reales de la segunda mitad del siglo XX, es
decir, iguales a Mario y su familia, nos convierte también
en sombras perdidas en el espacio que todo lo preserva.
El público presiente oscuramente que todos estamos
muertos y ese anonadamiento, unido al vértigo temporal,
introduce la dimensión de «sobrecogimiento histórico» a
que el propio Buero aludía con referencia a su obra[7].

Hacia el final del drama, los propios investigadores
apelan a esa sensación de incertidumbre producida por los
imaginarios saltos temporales: «Si no os habéis sentido en
algún instante verdaderos seres del siglo veinte, pero observados y juzgados por una especie de conciencia futura;
si no os habéis sentido en algún otro momento como seres
de un futuro hecho ya presente que juzgan, con rigor y
piedad, a gentes muy antiguas y acaso iguales a vosotros,
el experimento ha fracasado.»

Desde luego, estas palabras se dirigen a los espectadores ficticios del siglo XXX; pero tienen otra lectura muy
clara: si el público real, en nuestro tiempo, no ha captado
la idea de corresponsabilidad humana y no se ha visto a la
vez como juez y como reo, el experimento que es EL TRA-
GALUZ habrá fracasado, porque el drama propone en
última instancia que todos los hombres somos uno y el
mismo, y ese es el sentido de «la pregunta» que ya formula
El padre, como luego veremos en detalle. La dimensión
temporal dada a la trama consigue, pues, que cada espectador sea igual a Mario o a Vicente —algo nada difícil de
lograr con la conocida identificación teatral—, pero al
mismo tiempo se vea como un hombre del futuro.

De esta forma, se comprueba que la pareja de investigadores no es, como alguien sugirió cuando el estreno, un
'pegote brechtiano'[8]. Buero Vallejo poseía una concep-

---

[7]   Véase Ángel Fernández-Santos, «Una entrevista con Buero Vallejo sobre *El tragaluz», Primer Acto,* núm. 90, noviembre de 1967,
pág. 10.

[8]   Ahora, pasado un cuarto de siglo, se comprueba la razón que
asistía al autor, cuando declaraba, ante la incomprensión de algunos

ción muy completa y madurada de lo que quería hacer con
su teatro y no iba a incorporar elementos allegadizos sólo
al calor de la moda pasajera que para muchos fue la
práctica del autor alemán en los años sesenta. Por el
contrario, su teoría dramática venía buscando modos efec-
tivos de lograr una síntesis entre identificación emotiva y
distanciamiento, que en todo caso permitiera el desarrollo
de la conciencia crítica del público, y en esto último sí
coincidía en profundidad con Bertolt Brecht.

La introducción de la perspectiva ofrecida por los investigadores producía, de un lado, los efectos psicológicos
sobre el público ya comentados. Pero además se conse-
guían otros no menos interesantes. Así, se obtenía la posibilidad de encauzar la atención en una dirección determinada, distanciar al espectador de los sucesos y hacerle
reflexionar, pues los seres del futuro están capacitados
para detener la marcha de la acción y glosar lo que tuvie-
sen por más relevante [9].

Esto es posible porque son ellos quienes han «prepara-
do» la exposición de los hechos que se nos presentan;
acaso, por lo que toca a la estructura, contribuyó a produ-
cir cierta perplejidad en 1967 el desconocimiento que
existía entonces de la obra anterior (el *Valmy),* pues en
ella ya había experimentado el autor con esta disposición
que convierte el drama en el desarrollo de un relato a
cargo de un narrador/presentador.

---

críticos: «casi son para mí más importantes los investigadores que los
demás elementos (...) Quiero decir que, a efectos de lo que en realidad
es *El tragaluz,* los investigadores son insustituibles y la historia investi-
gada no lo es, ya que pueden encontrarse otras historias de significado
semejante al de ésta». Véase la página 10 de la entrevista ya citada en la
nota 7.

[9]   Distanciar al espectador no es sinónimo de emplear el «distanciamiento» brechtiano (el «efecto V»). Lo que se busca es conseguir esa
síntesis aludida, de la que se volverá a hablar al final de esta introducción. Adviértase que los elementos «distanciadores», críticos o tendentes
a provocar la reflexión en el público existen en el teatro desde sus
orígenes.

También aquí, en EL TRAGALUZ, nos enfrentamos con una «historia» que nos es contada o, para mayor exactitud, relatada en acción, palabra y movimiento. Él y Ella se refieren (y son citas sólo de su primera intervención) a «la historia que hemos logrado rescatar del pasado»; «las historias de las más diversas épocas»; «la presente historia»; «La historia sucedió en Madrid»; «Es la historia de unos pocos árboles».

Si la trayectoria teatral de Buero comenzó con *Historia de una escalera* y terminaba de momento con la inédita *La doble historia del doctor Valmy,* ahora nos hallamos ante la 'Historia de un tragaluz', pero que, en lugar de ser ofrecida de manera directa, nos llega a través de esos mediadores que actúan como un filtro. Ellos la contemplan desde fuera y por tanto pueden definirla de principio a fin. «La historia es, como tantas otras, oscura y singular», proclama Ella antes de iniciarse; «esta oscura historia se desenlaza en el aposento del tragaluz», dira Él cuando está próxima a concluir [10].

Lo que aparece sobre la escena no es, por tanto, la realidad vivida, ni una imagen de la misma directamente contemplada. Hoy, al final del siglo XX, nos hallamos en el extremo de una crisis de la literatura tradicional, que ya no permite ofrecer impunemente los relatos como hacía, por ejemplo, el siglo XIX; en nuestros días, todo narrador parece sospechoso, y en la mente del lector afloran las preguntas acerca de cómo conoce aquello que cuenta, lo que ha llevado a un mucho mayor refinamiento del arte narrativo. En el teatro también ha ocurrido algo similar y a menudo dejamos de ver en escena la «vida real», sustituida por algo que se presenta como el resultado de una manipulación. De esta manera, pasamos al terre-

---

[10] Los investigadores hablan también de «la historia que se busca», «El resto de la historia», «la historia de esas catacumbas», «las historias de todos los demás», «la historia de aquella mujer que, sin decir palabra, ha cruzado algunas veces ante vosotros». Se trata de una reiteración que, obviamente, no resulta casual.

no del metateatro, línea en la que se encuentra nuestra obra.

Además, de manera muy significativa, esto ocurre en dos niveles. En el primero, que es el que toca considerar ahora, afecta a ese marco del discurso ficticio que constituyen los seres del futuro, marco que encierra dentro de sí la historia de la familia del tragaluz; pero, como veremos luego, dentro de esta última se repiten asimismo las referencias metaliterarias, lo que demuestra que este aspecto ha sido cuidadosamente planeado en la construcción de la obra.

Ciñéndonos, pues, de momento a lo que atañe a los investigadores, debe observarse que ellos hacen suyo el papel propio de cualquier autor literario —no olvidemos, al respecto, que estos se dedican precisamente a contar 'historias'—. Los seres del futuro han elegido la suya, que califican de «nuestro experimento»; han establecido todos los diálogos y ruidos; han injerido el sonido del tren. De manera aún más trascendente, son también los responsables del montaje, esto es, la selección de acontecimientos mostrados; los cambios de lugar, con el paso de la oficina al café o al sótano; los saltos temporales, que anuncian con precisión («La escena que vais a presenciar sucedió siete días después»); la supresión —elipsis narrativa— de lo que creen que no interesa (véanse sus palabras al inicio de la segunda parte, como resumen de lo que eliminan: «Minutos vacíos»).

En una novela el autor puede optar por un tipo de narrador que, aun sin inmiscuirse a cada paso en los hechos como hacía el omnisciente tradicional, emita opiniones más o menos subrepticias que encaucen el relato para conseguir determinados efectos. De la misma forma, tampoco EL TRAGALUZ ofrece sólo la 'historia', sino que las interrupciones de Él y Ella vienen a acompañarla con comentarios, opiniones y observaciones que se adelantan, suplantan o encauzan los nuestros y la iluminan o la condicionan; pero, en cualquier caso, crean así una imagen de ella, que nos permite verla reflejada como en un espejo, con la peculiaridad de que ya será imposible para siempre distinguir la 'historia original' de esa otra imagen, porque ambas son una misma cosa. EL TRAGALUZ resulta así un relato teatral especular, marcado por la *mise en abyme*.

Queda claro, de todo ello, que Él y Ella actúan exactamente igual que lo haría un creador literario, un novelista... o un dramaturgo. Son, en ese sentido, sustitutos del autor, cuya función asumen y despliegan ante el público. En consecuencia, la 'historia de la familia del tragaluz' es el resultado de un montaje, un delicado artefacto, y la obra, considerada como un todo, viene a ofrecernos en síntesis el proceso de creación de una obra teatral, o la exhibición de su desarrollo.

Ello permite incluso algunos guiños dirigidos al público, que no puede dejar de percibirlos. Aparte de que los investigadores se refieran varias veces a «escenas», su segunda intervención acumula las referencias metateatrales. Se recuerda así que los recursos empleados consiguen algo muy difícil para el teatro tradicional, la capacidad de transmitir lo que atraviesa por la mente de los personajes sin concretarlo en palabras. El camino hacia el teatro total, que sume palabra, acción y subconsciente, es aludido de forma inequívoca: «Estáis presenciando una experiencia de realidad total: sucesos y pensamientos en mezcla inseparable.»

Al mismo tiempo, el carácter de ficción que toda creación literaria conlleva, a menudo disimulado en las obras realistas convencionales, es aquí potenciado, en cuanto que se insiste sobre la inexistencia real y virtual de los personajes de la escena, definidos como «fantasmas» («Cuando estos fantasmas vivieron»..., se dice en la primera intervención de los investigadores. «El fantasma de la persona a quien esperaba»..., comienza la segunda). Pero el teatro, a diferencia del cine, sabemos que implica la presencia *real* del actor. De ahí que, jugando con la convención, se subraye en un momento: «Mirad a ese fantasma. ¡Cuán vivo nos parece! (...) ¿No parece realmente viva?»

Nacido en un tiempo de crisis del realismo —y de un

modo de entender la misma realidad—, EL TRAGALUZ se presenta, pues, como un drama de construcción compleja, pórtico de los experimentos aún más audaces que Buero Vallejo iba a emprender a partir de *El sueño de la razón*. Obra reflexiva y metateatral, experimento dentro de un experimento, teatro dentro del teatro, encierra aún una alusión a la faena creativa.

Los investigadores, en el futuro en que viven, desarrollan historias con sus calculadores electrónicos que recuperan imágenes perdidas; pero ellos mismos equiparan implícitamente esos instrumentos a la pluma —por no decir ya el ordenador personal— con que el escritor compone un relato: «La acción más oculta o insignificante puede ser descubierta un día (...) Cada suceso puede ser percibido desde algún lugar (...) Y a veces, sin aparatos, desde alguna mente lúcida.» La «invención» (hallazgo) de la realidad iguala, pues, a esos experimentadores con el creador que, armado de su poder intuitivo, nos propone un mundo ficticio. Y aquí aparece de nuevo una correspondencia exacta con las alusiones metaliterarias que se dan en el interior de la historia del tragaluz y atañen precisamente a este, como veremos.

De todo lo anterior se deduce que la pareja de investigadores es un elemento fundamental. Vicarios del autor, posibilitan una estructura no convencional y confieren al conjunto una dimensión y profundidad que aún no ha sido agotada. A través de ellos se trasciende el simple realismo y se otorga a los hechos el carácter de relato cuyo montaje queda evidenciado. Nada más lógico, por tanto, que para aclarar ahora la estructura de la obra, sean ellos los instrumentos idóneos para señalar las unidades diferenciadoras.

Estructura y acción

Una vez establecida la perspectiva general, es momento de observar cómo la historia que se cuenta en la obra, es decir, la que presentan los seres del futuro, está construida de acuerdo con un propósito muy claro de equilibrio y simetría. Los investigadores intervienen cuatro veces para dirigirse al público tanto en el primero como en el segundo de los actos o partes en que se divide el drama, creando en cada uno tres cuadros o bloques de escenas[11]. En el primer acto esos tres bloques se distribuyen así:

PRIMER CUADRO: Comienza cuando los investigadores terminan su intervención inicial e incluye dos lugares de acción, en cada uno de los cuales se desarrolla una escena: la oficina donde trabajan Vicente y su secretaria Encarna, y el sótano donde viven El padre, La madre y Mario. La acción no se cierra en un espacio para pasar luego al otro —que son simultáneos sobre el escenario—, sino que hay un primer diálogo en el sótano antes de que termine la escena de la oficina. Aparte existen dos breves acciones sin palabras en un café. Se produce un fluir temporal continuo y se precisa que es un jueves, día escogido por Vicente para ver a sus padres; con su visita concluye la escena final de este bloque.

SEGUNDO CUADRO: Tras la segunda intervención de los investigadores, que aprovechan «para comentar lo que habéis visto», según ellos mismos indican, se desarrolla en el café un diálogo entre Mario y Encarna, en un momento casi inmediatamente posterior al final de la escena precedente. Es un cuadro mucho más breve que el inicial.

TERCER CUADRO: Las palabras de los investigadores precisan que la acción ocurre una semana más tarde («La escena que vais a presenciar sucedió siete días después»). Al igual que en el primer bloque, nos encontramos con más de un lugar de acción. Esta se inicia con una visita de Mario a la oficina de su hermano, pasa al sótano, donde se produce una nueva aparición de Vicente y un primer debate extenso con Mario, sigue una breve viñeta en el café y concluye en el sótano con El padre solitario frente

---

[11]   Otros intentos de analizar la estructura de la obra, más minuciosos y detallistas, se hallan en distintos trabajos de García Barrientos, Antonio José Domínguez y Fabián Gutiérrez.

al tragaluz. Cierran el primer acto los investigadores con
dos palabras de despedida.

La segunda parte comienza con una intervención expo-
sitiva de estos últimos, en la que aclaran que los hechos
que van a presentar ocurrieron otra semana más tarde
(«Sus primeras escenas son posteriores en ocho días»).
Dada la necesaria intensificación dramática de los sucesos, ahora se tiende a concentrar la tensión, con bloques
o cuadros que suelen encerrar una única escena muy larga.

PRIMER CUADRO: Presenta otra visita de Vicente a
casa de sus padres, con un tenso diálogo con El padre
alucinado y un segundo debate con Mario. Hay también
acción muda en la oficina y en el café. Finalmente, la
llegada de Encarna al sótano reúne por primera vez a
todos los personajes.

SEGUNDO CUADRO: La intervención de los investigadores precisa que ha transcurrido un día más y que los
hechos se precipitan («Veintiséis horas después de la escena que habéis presenciado, esta oscura historia se desenlaza en el aposento del tragaluz»). Consta de una única
escena, que reúne de nuevo a todos los protagonistas.

TERCER CUADRO: Los investigadores han cerrado casi
del todo su experimento [12]. Falta únicamente una especie
de epílogo: «Esperad, sin embargo, a que termine. Sólo
resta una escena. Sucedió once días después.» Este breve
colofón que ocupa todo el cuadro es desarrollado por
Mario y Encarna en el café, con la muda presencia final
de La madre ante el tragaluz, en evidente simetría con el
final del primer acto, en que era a El padre a quien
veíamos [13]. Como sucedió en la otra, los investigadores

---

[12] La referencia explícita que los investigadores hacen a su propio
«experimento» forma pareja simétrica con la realizada justo al iniciar la
obra («Gracias por haber querido presenciar nuestro experimento»).
Ambas refuerzan el carácter de marco de la historia que tienen sus
intervenciones, subrayan su carácter metateatral y sugieren la figura de
un círculo a punto de cerrarse.

[13] Buero tiende a concluir los dramas escritos a partir de 1960 con
una breve escena, que supone cierto anticlímax, pues contrasta con

cierran la segunda parte, y la obra toda, con dos palabras
para despedirse.

La acción, muy sencilla, se centra en torno al desvela-
miento de algo oculto en el pasado, según un procedimiento dramático que remonta su origen a los clásicos griegos.
Es el caso del *Edipo rey,* de Sófocles, modelo de tragedia
que ha actuado de forma permanente en el teatro occidental y del que extrajo su elaborada y sólida fórmula dramática el noruego Henrik Ibsen.

En EL TRAGALUZ, la primera alusión a ese pasado
ocurre muy pronto y se vincula ya a otra de las metáforas
de la obra, aludida antes: el tren. Es el cerebro de Vicente
quien lo evoca, aunque el ruido de su marcha sea un
añadido de los experimentadores, que habían explicado al
inicio: «Lo utilizamos para expresar escondidas inquietudes (...) Oiréis, pues, un tren; o sea un pensamiento.»

Poco a poco, la turbia realidad de lo ocurrido años atrás
se va desvelando. En la primera escena Vicente informa a
Encarna de la locura de El padre; luego, en el segundo
cuadro, es Mario quien resume su pre-historia a la joven,
una vez que ella ha contado la suya. Será, sin embargo, en
el tercero cuando por primera vez se dé noticia de la
muerte de Elvirita al acabar la guerra.

Además, existe también una acción desarrollada en el
presente, que gira en torno a Encarna, amante de Vicente,
pero casi comprometida con Mario, sin que ninguno de
los dos conozca la relación con el otro. Asimismo, se
introduce muy pronto el motivo de la conspiración contra
el escritor Beltrán, conocida sólo por referencias indirec-

---

momentos anteriores de mayor tensión emocional, en los que la acción
ha concluido casi del todo. Recuérdense el cuadro plástico de *Las Meni-*
nas o el monólogo de Haüy en *El concierto de San Ovidio.* También aquí
la acción está cerrada; los investigadores anuncian antes del cuadro
segundo —no del tercero— que la «historia... se desenlaza» ya. Ha terminado la acción, pero no la obra. Desde luego, el objetivo buscado es
siempre no concluir en el momento más patético, para que el espectador
no se vea arrastrado sólo por la emotividad y pueda surgir en él la
conciencia crítica.

tas, pero conectada con la entrada de nuevos socios en la Editorial en que trabajan Vicente y Encarna.

En la segunda parte los motivos dispersos y en apariencia independientes se interrelacionan, lo que está ya sugerido por el hecho de que El padre identifique en su alucinación el tragaluz del presente con el tren del pasado y a Encarna con su hija muerta. Todos los elementos van formando un nudo, que es como una cadena en torno a Vicente: su comportamiento actual con Encarna y Beltrán, denunciado en el primer cuadro de este acto, es sólo la consecuencia de un modo de proceder que comenzó mucho tiempo atrás. La muerte de Elvirita y la locura de El padre acaban por resultar también efectos de su proceder, y su última y extensa intervención es la confesión definitiva, la aceptación de los hechos, la anagnórisis clásica, como ya se ha apuntado.

El espectador sólo sabe la verdad completa de los hechos al final, pero es a la luz de lo conocido entonces cuando puede entenderlos. Para ordenar ahora el análisis de los problemas que la obra plantea, lo más clarificador será observar la intervención de cada uno de los personajes centrales, que revelará a la vez su significado.

Los personajes

Vicente ofrece inicialmente, a sus cuarenta años, una imagen de ejecutivo triunfador, que comienza a verse socavada poco a poco. Ayuda económicamente a sus padres, proporciona ocasionales trabajos como corrector a su hermano y le brinda un puesto fijo, protege a Encarna, acaba de comprarse un coche, signo de bienestar muy evidente en 1967, pero, con todo, su vida no es satisfactoria.

En este punto se produce una de las constantes más destacadas en todo el teatro de Buero Vallejo. Si a menudo ha planteado sombríos panoramas de lo que es capaz de originar el proceder de los hombres, su tarea no se limita simplemente a exhibir el mal, sino que profundiza en búsqueda de sus causas, buceando en las raíces de la conducta. Ello otorga a los dramas un profundo sentido moral, pero a la vez les confiere su faceta más positiva, por no decir optimista.

Lejos de creer en el absurdo de la vida, que haría de la maldad y la violencia efectos gratuitos de imposible remedio, en su universo dramático se plantea sistemáticamente el tema de la responsabilidad del modo de actuar de cada uno. De ahí que sus personajes puedan ser culpables u homicidas, pero no malos —o buenos— de una pieza, seres unilaterales o muñecos movidos por el azar o la sinrazón.

Vicente ha obrado mal al huir en el tren y provocar la desgracia en la familia, pero continúa haciéndolo desde entonces, con nuevos actos de egoísmo: abandona otra vez a sus padres cuando termina el servicio militar (en la cronología interna de la obra, esto debió de suceder hacia 1948) y actúa en el presente con la misma falta de escrúpulos.

Y, sin embargo, pese a su éxito aparente, no es un hombre que pueda vivir tranquilo. Como tantos otros personajes buerianos que obran de manera incorrecta contra sus semejantes (el policía torturador que se consulta con el doctor Valmy, el Juan Luis de *Jueces en la noche,* el Fabio de *Diálogo secreto* o el Lázaro de «El Laberinto») ve su espíritu corroído por el desasosiego y el malestar, como signo visible de que hay principios cuya infracción acaba por pagarse, aspecto este que Buero desarrolla sobre todo en las obras de los últimos años.

Esta constante, que puede hallar su origen en una ética kantiana, supone la existencia de unos límites para la acción humana que no pueden ser sobrepasados. El mal que se ejerce sobre otros hombres implica la ruptura de un orden moral, que no queda impune. Las consecuencias externas revierten contra el infractor de manera directa o indirecta, en cumplimiento de la justicia poética; pero, desde luego, se producen siempre en el plano psicológico del individuo. Esa es la causa de la 'fatiga' a que alude el propio Vicente en su confesión final: «Le aseguro que estoy cansado de ser hombre. Esta vida de temores y de mala fe, fatiga mortalmente.»

A partir de estas palabras adquiere todo su sentido el comportamiento del personaje. Su preocupación tardía por los padres, la asignación mensual que les pasa, los regalos (el aparato de televisión, la nevera prometida) son expresión del deseo de pagar una remota factura que sabe pendiente, realizado en el único terreno en que sabe moverse: los objetos materiales, las cosas. Él ha estado siempre obsesionado por lo que causó al escapar en el tren cuando terminó la guerra y por ello aparece asociado al sonido de la máquina, como ya hemos visto.

Vicente nunca ha podido borrar la escena de su memoria y, al inicio de la segunda parte, decide hablar de ella con su madre, en busca de alguien que respalde su versión de lo ocurrido: «Y del tren, ¿te acuerdas?». La madre quiere la concordia y, en efecto, le da la razón, pero en ese momento él revela su íntimo desasosiego: «¿cómo iba yo a olvidar aquello?». Mario no está presente aquí y, sin embargo, adivina lo que ocurre en la conciencia de su hermano, cuando le dice más adelante: «tú no puedes olvidar».

Por eso se producen las visitas de Vicente al sótano, cada vez más frecuentes. Sus bajadas al «pozo», como se denomina el aposento del tragaluz, son el sustituto simbólico de sus intentos de aplacar lo que se esconde en la profundidad de su conciencia. Pero fingir no será nunca el camino de la concordia y de la paz en el teatro bueriano. En la confesión final, realizada ante El padre loco, admite al fin sin rodeos la verdad y hace explícita la ilusoria búsqueda de un castigo que le deje definitivamente tranquilo: «quisiera que me entendiese y me castigase, como cuando era un niño, para poder perdonarme luego...».

La implicación de las cuestiones sugeridas por el personaje de Vicente no se ciñen, sin embargo, a la mera dimensión personal. Esta sirve para configurarlo como individuo teatralmente rico y complejo, pero, además, a través de él se plantean problemas de gran trascendencia, que sólo se aclaran al observar la relación con su hermano.

Como veremos luego con más detalle, Mario es su contrafigura. El enfrentamiento entre ambos tiene una faceta particular y hasta sentimental, revelada por el personaje de Encarna, pero sobre todo se trata de un choque ideológico. Mario se opone a Vicente, no sólo por lo que éste ha hecho, sino porque representa los valores de la situación dominante, esto es, de un tipo de sociedad regida por el materialismo, la insolidaridad y el lucro a toda costa, que produce efectos aberrantes. El hermano mayor participa de lo que el otro llama «ese juego siniestro», que él aborrece y que caracteriza como engaño, zancadilla, componenda, pisar a los demás, comer antes de ser comido...

De esta manera, EL TRAGALUZ eleva sobre el escenario un debate fundamental, quizá todavía más necesario hoy que en el momento de su estreno, y no sólo entre nosotros. El modelo encarnado por Vicente es, sin duda, el que sustenta el sistema capitalista de las sociedades occidentales, y, por tanto, de la misma España. Al exponer las consecuencias que produce, la pugna fraterna se convierte en una gigantesca metáfora acerca de los modos de organizar la convivencia colectiva.

La obra no se limita, sin embargo, a ofrecer un panorama aséptico o poco comprometido. Por el contrario, en ella se sugiere que ese sistema basado en la obtención del beneficio por encima de todo, la explotación del ser humano, el individualismo extremo y la alienación por los objetos no sólo resulta brutal, sino que además encierra en su seno la injusticia, cometida contra muchos en muchos lugares. Neveras, televisores, lavadoras no son sólo instrumentos para mejorar la vida diaria, sino el signo entonces incipiente de un consumismo a ultranza que no haría más que incrementarse en los años venideros. En ese sentido, frente al coche de Vicente, supone un hecho muy significativo que Beltrán se niegue a adquirirlo: «No es un pobre diablo más, corriendo tras su televisión o su nevera; no es otro monicaco detrás de un volante, orgulloso de obstruir un poco más la circulación de esta ciudad insensata...»

Ese mundo, dominado por la obsesión económica, que tiene su correlato en los anuncios que inundan las pantallas y provocan la reacción violenta, pero no absurda, de El padre, es el que Mario decide rechazar, refugiándose en la marginación o, como él mismo dice, optando por «la pobreza». Sin embargo, otros no han podido elegir, como revela crudamente la historia de Encarna. El cabeza de familia puede estar loco por causa de Vicente, pero no es el único padre mencionado en la obra. El de la joven tuvo que dejar su pueblo por falta de trabajo e irse hace seis años a la ciudad o, mejor dicho, a las chabolas. Allí vivía tras emplearse como albañil, hasta que, agotado en el vano intento de asegurar un futuro a su hija, cayó del andamio tres años después, dejándola en absoluta soledad.

Desde luego, ello no ha sido culpa de Vicente, pero sí del sistema que, como hemos visto, él representa. Por eso Mario se niega a participar en ese «juego» siniestro: «yo no sería capaz de entrar en el juego sin hacerlo [pisotear a los demás]», dice en la primera parte. Y cuando su hermano le invite en la segunda a salir del «pozo», le responderá con ironía: «¿A jugar el juego?» Las maniobras de la Editora provocan su pregunta: «¿A qué estáis jugando allí?»; pero, según Vicente, no es más que «un juego necesario». Mario le cortará implacable, conectando todos los hilos dispersos: «¡Claro que entiendo el juego! Se es un poco revolucionario, luego algo conservador... (...) Porque ¿quién sabe ya hoy a lo que está jugando cada cual? Sólo los pobres saben que son pobres.»

El círculo se cierra en torno al hermano mayor, como ya sabemos. Hombre de la situación e imagen simbólica o emblema de su representante más descarnado, el explotador, se ha aprovechado del miedo a la miseria de Encarna y tiene que oír la requisitoria de su hermano: «¡Ah, pequeño dictadorzuelo, con tu pequeño imperio de empleados a quienes exiges que te pongan buena cara mientras tú ahorras de sus pobres sueldos para tu hucha!»

De muchacho huyó y causó tres víctimas: su hermana, muerta, El padre, trastornado luego por su causa, y Mario mismo, según llega a confesar; sin embargo, no es sólo su acción de entonces lo que importa: «¡Pero ahora, hombre ya, sí eres culpable! Has hecho pocas víctimas, desde luego; hay innumerables canallas que las han hecho por miles, por millones. ¡Pero tú eres como ellos! Dale tiempo al tiempo y verás crecer el número de las tuyas... Y tu botín.» Su actitud ocultaba, bajo el encanto del dinamismo y el carácter emprendedor, muy turbios procedimientos, lo que —una vez más hay que reiterarlo— no se ciñe al caso individual de Vicente, sino que se predica como consustancial a una determinada organización socioeconómica, en la que importa muy poco el ser humano.

Ahora bien, considerado como personaje concreto, su lamentable final hace que él mismo se vea convertido en víctima, que expía de forma tremenda sus errores. Para entender este desenlace hay que detenerse un momento en la figura de El padre.

Nos encontramos ante una gran creación teatral en su extravío o locura. A él corresponden los escasos momentos de humor que encierra la obra, pero sobre todo destaca su honda dimensión trágica. El anciano vive una regresión temporal, en la que a veces cree que sus hijos aún son pequeños y otras piensa ser él mismo un niño, por lo que confunde a su esposa con su madre o declara enfadado que quiere volver con sus padres. Sin embargo, su mente alucinada sigue una línea que, dentro de la incongruencia, posee una lógica diáfana; así, se sitúa una y otra vez en la época clave del final de la guerra, cuando el tren se llevó a Vicente y con ello se produjo la muerte de Elvirita. Él es el primero de la familia en mencionar el tren y a menudo habla de la sala de espera, recuerdo de aquella en que se refugiaron un día aciago de 1939.

Su memoria parece haberse congelado en ese instante en que se produjo la catástrofe, y su pensamiento, detenido en el tiempo, está obsesionado por «salvar» a la gente, como compensación de su dolor por no haber podido hacerlo con la niña. Por ello dirá a Vicente: «Hay que tener hijos y velar por ellos.» A los suyos, pero sobre todo a Elvirita, los mantiene siempre vivos en el recuerdo. Los oye llorar en el transcurso de la obra y él mismo solloza calladamente al final de la primera parte: «¡Mario! ¡Vicente! ¡Cuidad de Elvirita!»

Esto explica de manera decisiva el desenlace. En el momento en que Vicente confiesa su culpa, acumula varios errores. Se equivoca al pensar que su padre ya no distingue nada («ni siquiera sabe usted ya quién fue Elvirita») y de ahí que le hable como si no pudiese entenderle. Busca una expiación, pero la cree imposible. El castigo que anhelaba en secreto va a producirse, sin embargo, con la desmesura que le impone la demencia de quien lo ejecuta. El hijo ha cometido otro error, que encierra una ironía trágica: «¿quién puede ya perdonar, ni castigar? Yo no creo en nada y usted está loco». Y la última equivocación, de nuevo cargada de sofoclea ironía, se encierra en sus desalentadas palabras: «Dentro de un momento me iré.»

Vicente no se irá, porque El padre se lo impide. Este acaba de oír cómo su hijo se declara sin rodeos responsable de aquello que más le duele: «la niña murió por mi culpa». En este momento, el espectador sabe más que el personaje, pues ha visto al viejo obsesionado con aquel hecho. Por tanto, cuando Vicente declare que va a marcharse «a seguir haciendo víctimas...»; «a seguir pisoteando a los demás»; más aún, cuando vuelva a reiterar: «¡Elvirita murió por mi culpa, padre!», y recuerde todavía el tren que se lo llevó («Elvirita... Ella bajó a tierra. Yo subí... Y ahora habré de volver a ese tren que nunca para...»), El padre lo detendrá: «Tú no subirás al tren.»

Con ello no se produce sólo la imposición del castigo por su comportamiento. El acto conlleva el ejercicio de la trágica justicia poética, pero desde la perspectiva de El padre se trata además de impedir que su hijo huya en el tren. En su lógica alucinada, ha comprendido en profundidad lo que se le está diciendo, aunque ello no signifique

que haya recuperado la razón; se trataría entonces de un simple caso de venganza dilatada en el tiempo.

Por el contrario, El padre desea evitar que se cumpla el hecho pasado, ocurrido casi treinta años atrás. Él ya vive siempre en ese tiempo y su mente se ha cristalizado en aquella escena de la estación, actualizada ahora por el sonido atronador del tren que en este instante llena el teatro. Entonces se produce un rapto de máxima e inconsciente lucidez, sin salir de la locura. Al detener a Vicente lo que intenta es conseguir que no suba al tren, esto es, que no lo haga *entonces*, en 1939, y, por tanto, que Elvirita no muera de inanición. Quiere salvar a la niña con las mismas tijeras con que salva a los seres de sus postales [14] y de ahí que su primer gesto sea luego dirigirse al tragaluz, a través del que creía hablar con ella al final de la primera parte.

Vicente paga al cabo por lo que ha hecho, pero la dureza de su castigo no puede hacernos olvidar lo que su personaje significa. Frente a él, y a todo lo que encarna, se levanta Mario, y la oposición entre ambos revive el mito de Caín y Abel [15]. El hermano menor está marcado por la repugnancia que le causan los valores que dominan el mundo, la cual le ha llevado a automarginarse, hundido en el «pozo» donde la familia ha caído desde el final de la guerra. Su modelo ha sido «la religión de la rectitud» inculcada por El padre, que no parece tener vigencia en los tiempos que corren. Asqueado ante el panorama que ve, se refugia en el subterráneo, decidido a permanecer con su familia como 'hombres del subsuelo'.

Su ideal, con algunas connotaciones de raigambre estoi-

---

[14]   Véase el artículo de Kronik, págs. 393-394.
[15]   Véase sobre este tema Ricardo J. Quinones, *The Changes of Cain. Violence and the Lost Brother in Cain and Abel Literature,* Princeton, New Jersey, Princeton University Press, 1991, aunque el único autor español que trata es Unamuno. Se estudia aquí la relación de la fraternidad con la violencia y la muerte, la culpa, el bien y el mal, el otro, la responsabilidad y la justicia.

ca, es la pasividad impasible, que le permita contemplar las cosas sin mezclarse con ellas. En un recuerdo muy claro de la famosa metáfora de Calderón, el sótano en que se encierra es semejante a la prisión-sepulcro donde se halla Segismundo, y la vida de Mario parece discurrir como un sueño, que su hermano quiere romper: «¡Pero es absurdo, es delirante! (...) ¡Estás soñando! ¡Despierta!» Sin embargo, en su postura hay elementos contrapuestos, que hacen también de él una figura compleja.

Por una parte, su deseo de no implicarse le inclina a un egoísmo insolidario, sugerido por la propia Encarna («Las pocas veces que ibas por la Editora no mirabas a nadie») y denunciado por Vicente: «¡No harás nada útil si no actúas! Y no conocerás a los hombres sin tratarlos, ni a ti mismo si no te mezclas con ellos.» Él mismo confirmará que el contacto con los demás le resulta insoportable: «Cuando me trato con ellos me pasa lo que a todos: la experiencia es amarga. Noto que son unos pobres diablos, que son hipócritas, que son enemigos, que son deleznables... Una tropa de culpables y de imbéciles.»

De ahí procede su innegable tristeza y el propósito de hallar la salvación para sí mismo: «Pero yo, en mi rincón, intento comprobar si puedo salvarme de ser devorado..., aunque no devore.» Sólo parece quedarle el borroso recuerdo de una infancia más feliz, pero los niños mueren, físicamente, como le ocurrió a su hermana Elvirita, o cuando crecen [16]. La conclusión es desoladora: «Todos estamos muertos.»

---

[16] Hay múltiples referencias a los niños en la obra, desde los que evoca El padre en su locura (sus hijos), hasta los que hablan con él por el tragaluz al final de la primera parte. Simbolizan el futuro, en cuanto proyectan la continuidad del hombre en la historia. A ello pueden aludir las palabras de Vicente: «Niños. Siempre hay un niño que llama», y, desde luego, ese es el sentido del que espera Encarna, hijo, como dice Mario, de los dos hermanos; el mayor no ha querido hablar de él a lo largo de la obra —nuevo símbolo de su egoísmo—, pero el menor lo hará suyo al final («Será nuestro hijo»), con lo que se convierte en síntesis dialéctica de las fuerzas enfrentadas en el drama.

Mario parece rechazar la vida y cuando Encarna le sugiere, conciliadora: «Pero... hay que vivir...», él responderá secamente: «Esa es nuestra miseria: que hay que vivir» [17]. No obstante, su postura dista de ser del todo negativa. Al fin y al cabo, ha entablado una relación con Encarna y se preocupa por la suerte de Beltrán. Además, en él se encierra igualmente una insólita capacidad de preocupación por los demás, que lo aproxima a El padre.

Él no toma a broma, como Vicente, a su trastornado progenitor; cuando éste reitera una y otra vez, con frecuencia obsesiva, la pregunta «¿quién es ése?», Mario se interroga sobre su significado. Esta cuestión remite al conocimiento de la personalidad real del hombre y está vinculada a la metáfora del tragaluz y al mundo de los investigadores. Atañe a las más profundas sugerencias metafísicas de la obra y a la vez encierra muy claras alusiones al plano metaliterario, tal como se apuntó antes y quedó pendiente del desarrollo que ahora debe dársele, para iluminar luego sus alcances filosóficos.

El enigma de la personalidad

Desde su voluntaria marginación, Mario ha podido llegar a un concepto de solidaridad superior, pues al ver el mundo desde sus orillas consigue descubrir aspectos de la humanidad que pasan desapercibidos para los más. Así, esa «tropa de culpables y de imbéciles» se le convierte en algo muy distinto cuando la observa con una nueva perspectiva, esto es, cuando la descubre desde el tragaluz. Los fugaces retazos de la vida que pasa, las palabras sueltas que hablan de preocupaciones diarias, son «inesperadamente hermosas».

Aquí se producen ecos muy claros de una situación bien conocida en el pensamiento occidental, la de la gruta

---

[17]   Poco después, en el cuadro final de la primera parte, La madre le repetirá idéntica frase, en busca de la tranquilidad familiar: «No hay que complicar las cosas... ¡y hay que vivir!»

platónica presentada en *La República,* en la que los hombres veían reflejadas en la pared del fondo las sombras de quienes pasaban, como ocurre en nuestra obra. Además, Mario reproduce otro famoso proceso discursivo y, al igual que Segismundo llegaba desde su cárcel a descubrir la vida en el sueño, él también aprende a conocer la realidad desde su pozo. Porque eso es el tragaluz: el símbolo de un medio de conocimiento de la realidad, que cabe denominar poético [18], porque es la poesía, o la literatura en general, la que lo asume de forma paradigmática. Frente a la epistemología racional, el arte se rige por la intuición, y Mario alude a las revelaciones aportadas desde el tragaluz con términos que inequívocamente remiten a lo que es propio de la faena de invención artística y literaria.

Ante el «juego» deletéreo que se practica en el mundo y que Vicente desarrolla en la Editora, su hermano muestra su preferencia por «nuestro juego de muchachos», «¡El juego de las adivinanzas!»: «Abríamos este tragaluz para mirar las piernas que pasaban y para *imaginar* cómo eran las personas.» Cuando ambos desarrollan ese juego en la escena final de la primera parte, se despliega esa 'imaginación' (término ya revelador), que Mario define como el producto de «observar las cosas, y a las personas, desde ángulos inesperados...».

Tal actividad es rechazada por Vicente, el hombre positivo, que alega que así «te las *inventas»,* y que al momento acusa al hermano: «¡Estás *inventando!»* Pero Mario parece muy seguro de su terreno: «Es un juego.» Todos los términos que se utilizan en esta escena —«invenciones», «mentira», «disparate», «figuraciones», «engaños»—, pueden utilizarse para definir lo propio del 'juego' en que consiste la literatura, y varios, en efecto, podrían evocar aquel momento famoso en la historia de la metanarración occidental que es el debate entre Don Quijote y el Canónigo de Toledo *(Quijote,* I, 47-48). Nada menos

---

[18]   Véase el artículo de Gabriela Chambordon.

extraño, pues, que, ante una de las 'invenciones' de Mario,
su hermano le llame, aunque burlonamente: «Poeta.»

No cabe duda de que el 'juego' del tragaluz está presen-
tado sutilmente como un correlato del arte y, en concreto,
de la literatura. Un artista lo que hace es captar la realidad
desde una perspectiva que la desfamiliarice o la desauto-
matice, si preferimos un término más técnico, para crear
de ella una imagen nueva y sorprendente (los «ángulos
inesperados» de Mario).

Así pues, desde dentro de la obra se nos habla en esta
escena de una forma de conocimiento no racional, sino
intuitivo, similar al literario, y que, como él, posee una
esencia lúdica —es un «juego»—. Si los investigadores, en
el marco externo que configuran, asumen y reiteran el
papel del autor literario, al preparar el montaje de la
«historia», dentro de esta se repite lo que es propio de la
literatura. Se asiste así a la creación poética de la realidad,
a su «invención», si queremos decirlo de este modo. Y ello
está todavía subrayado por la disposición escénica elegida,
que incrementa el componente metateatral y especular del
drama, pues vemos a Mario, Vicente y El padre contem-
plando una especie de representación («¡Como en el
cine!», se dice en ese instante), convertidos en espectadores, como lo somos nosotros, reproduciendo, pues, nuestro papel.

EL TRAGALUZ resulta ser así una obra artística autorre-
ferencial, pues encierra una alusión a la creación del arte
y, por tanto, a sí misma. Esa escena repite como en minia-
tura —como en un espejo— la propia configuración de la
obra: Mario, al igual que un demiurgo (o que un autor),
procede a la creación de algo que le sirve además como
medio de conocimiento. «¡Si es esta tu manera de *conocer*
a la gente, estás aviado!», dirá el hermano mayor; pero el
«prodigio» existe, en efecto. Como en el caso de la caverna platónica, lo que así se consigue es una visión fragmen-
taria de la realidad, sin duda, pero a la vez insustituible,
como lo es el conocimiento intuitivo.

Aclarado este aspecto, que no cabe considerar menor,
podemos proseguir el análisis. Mario, que no está condi-

cionado por una finalidad utilitaria y posee, en cambio, la intuición, piensa, ante la pregunta de El padre («¿Quién es ése?»), en la necesidad de conocer la verdadera entidad de cada uno de los hombres. Esa es la solidaridad universal que adivina y que se le aparece de improviso cuando alguien se asoma al tragaluz y mira hacia dentro. Se produce entonces la «revelación», el «prodigio», al originarse un mudo diálogo entre las miradas que se cruzan: «¿quién es? Él también se pregunta: ¿quiénes son esos? Esa sí era una mirada... sobrecogedora. Yo me siento... él...».

Sin embargo, ese alguien que mira por el tragaluz no es uno cualquiera. En principio, se convierte en un espejo para Mario, pues se ve reflejado en él, lo mismo que él halla su reflejo en el otro («Yo me siento... él...»). Pero, aparte de remitir a esa hermandad solidaria que Mario intuye, la disposición escénica elegida, con el tragaluz en la cuarta pared, convierte a ese curioso en alguien que mira desde el lugar en que se encuentra el público y por tanto suplanta al espectador. El espejo reproduce entonces mi rostro: yo me siento él, y asimismo oigo a Mario sentirse igual a mí. ¿Quién es ése? Él, y Mario y yo.

Ahora bien, la estructura temporal de la obra nos permite saber que esa es la conclusión a que el hombre ha llegado al cabo de los siglos, como revelan los investigadores. En el hipotético siglo XXX desde el que nos hablan han superado muchos de los problemas actuales de la humanidad; «injusticia, guerras y miedo» parecen ser, para ellos, brutalidades del pasado. Sin embargo, mantienen aún la incertidumbre respecto a algunas cuestiones, lo que llaman «nuestros últimos enigmas», que enuncian sencillamente: «El tiempo... La pregunta...»

Así pues, *la pregunta* (¿quién es ése?) obtiene una respuesta, pero ellos mismos ignoran «si es verdadera», porque alude a un problema insondable, infinito, que conduce siempre a nuevas interrogaciones. Cabría formularla también como: ¿quién soy yo?, según Mario mismo sugiere en el epílogo cuando, a la luz de lo ocurrido, sustituye la cuestión de El padre por otras: «¿Qué quería yo? ¿Cómo

soy? ¿Quién soy?»[19]. Cualquier contestación que se dé
será siempre insuficiente. A ello se refería el propio Buero
Vallejo, al comentar su obra en un coloquio:

> Y no hay respuesta (...) Por supuesto, hay muchísimas
> respuestas para la pregunta en el terreno biológico, en el
> terreno genético o en el terreno psicológico; en muchos
> aspectos. Ahora, para el último sentido de la pregunta no
> hay respuesta, y no la tendremos nunca porque estamos
> preguntando desde nosotros mismos. Y desde nosotros
> mismos no podemos vernos; no sabemos lo que somos ni
> quiénes somos[20].

El enigma de la personalidad no obtiene, pues, solución. La pregunta sobre quién es cada uno ha de ser
permanentemente formulada, pues toda respuesta es tran-
sitoria, parcial y precaria. Nadie se conoce en lo más
hondo y cabría decir, en cierto modo, lo que ya se concluía
en la obra de Calderón: «todos sueñan lo que son, / aunque ninguno lo entiende». Pero a la vez también es verdad
que la manera de responder al interrogante a lo largo de
los tiempos va perfilando los límites desde los que se
plantea y permite profundizar en el progreso del conocimiento.

De este modo, los hombres del siglo XXX contribuyen
con su personal contestación a construir un mundo mejor,

---

[19]   En ese momento, aparece por última vez una referencia al «juego». Encarna, víctima como lo fue Elvirita, con la que se la ha ido
identificando en la obra, también ha sido tratada duramente por Mario.
De ahí su ruego: «No juegues conmigo.» Pero él ha aprendido, al recono-
cerse responsable parcial de la suerte de su hermano. Por tanto, no entrará
en ese juego, que no es otro que el que antes denunciaba en Vicente: «No
jugaré contigo. No haré una sola víctima más, si puedo evitarlo.»

[20]   Tras destacar el carácter trágico de la pregunta, añadía: «ese no
saber quién es, o nosotros mismos, que no sabemos quiénes somos, lo
que sí sabemos es que ése y yo y todos vamos a morir. Y la limitación
del morir (...) no dejará tampoco nunca de ser una limitación con la cual
no podemos pactar ni resignarnos». Véase el texto completo de la intervención de Buero en el volumen coordinado por Cristóbal Cuevas,
págs. 64-65.

pues se saben «solidarios, no sólo de quienes viven, sino del pasado entero. Inocentes con quienes lo fueron; culpables con quienes lo fueron». Esa es la razón de que, en un ejercicio de humanismo definitivo, recuperen las vidas perdidas en el pasado, como son las de aquella familia habitante del aposento del tragaluz.

Convencidos de la «importancia infinita» de cada hombre, atienden a la colectividad, al «bosque», pero con la seguridad de que, a la vez, como complemento indispensable, han de hacer lo propio con cada uno de los árboles, empresa utópica y casi imposible de cumplir, que ellos mismos califican de locura: «Compadecer, uno por uno, a cuantos vivieron, en una tarea imposible, loca. Pero esa locura es nuestro orgullo.»

La locura de la solidaridad

Los investigadores se tachan a sí mismos de 'locos', pero el espectador de la obra sabe que ese término no es inocente. En efecto, cualquier duda que hasta ese instante pudiera albergarse acerca del carácter de precursor de El padre queda disipada, y se nos descubre como antecedente no tan inesperado de los hombres del futuro. Su preocupación por cada uno («¿Quién es ése?») despliega con toda la pureza de su mente alucinada la misma idea: el deseo de respetar la identidad de cada ser humano.

Mario, a quien vimos muy cercano a su progenitor, revelaba idéntico afán, aunque lo que en él aparecía con un matiz egoísta de solución personal («intento comprobar si *puedo salvarme...*»), en El padre se trasciende en una misión de finalidad universal; por ello no quiere recortar las postales en que aparecen grupos: «Si los recortas entonces, los partes, porque se tapan unos a otros. Pero yo tengo que velar por todos y al que puedo, *lo salvo.*»

En un mundo regido por los imperativos de la razón práctica, como el del siglo XX, un pensamiento similar será confinado en los territorios de la sinrazón. Los investigadores confirman que esa tarea imposible de compadecer uno a uno a todos los hombres («esa locura es nuestro orgullo») apenas podía interesar en el pasado a otros locos, «hombres oscuros, habitantes *más o menos alucinados* de semisótanos».

Y ello no afecta sólo a El padre. De ahí que resulte una consecuencia casi obligada que Mario sea también tachado de perturbado varias veces y siempre por boca de su hermano, voz de la cordura. «Estás loco», le dice hacia el final de la primera parte, cuando le expone precisamente su idea de emprender «la investigación» y averiguar quién es cada uno de los hombres. Luego, insistirá: «¿Tan loco te ha vuelto el tragaluz...?»; «¡Explícanos ya, si puedes, toda esa locura tuya!»; «El otro loco, mi hermano...».

Loco es, muchas veces, el que se adelanta a su tiempo y se atreve a pensar lo que nadie piensa. Esa es la perspectiva que ofrece EL TRAGALUZ, cuya profundidad temporal permite además presentar la historia de la humanidad como una lucha tenaz por conseguir una concordia definitiva. Si todo hombre es mi hermano, no cabe hacerle mal. Más aún: si cada hombre soy yo mismo, como sugería Schopenhauer, no podrían existir el crimen o la tortura[21].

Ese era el motivo por el que la pregunta de El padre y la respuesta que le da Mario se revelaban proféticas. La suya era *«la pregunta»,* que los investigadores precisan que invadió la tierra en el siglo XXII. La contestación que ellos le dan parece ser la única que les ha permitido seguir

---

[21] La alusión a Schopenhauer como el filósofo del siglo XIX que dio una respuesta al problema de la igualdad entre yo y tú es inequívoca; véase la nota a ese lugar en la presente edición. En *El mundo como Voluntad y Representación* se desarrolla la idea de la identidad común de todos los hombres como fundamento de la moral. Cada uno asume los dolores de todos los demás y es a la vez verdugo y víctima, reo y juez. Sobre la influencia del filósofo en otros autores, de Wagner a Beckett, véase John Peter, *Vladimir's Carrot. Modern drama and the modern imagination,* Chicago, The University of Chicago Press, 1987, páginas 22-53.

viviendo: «Ése eres tú, y tú y tú. Yo soy tú, y tú eres yo. Todos hemos vivido, y viviremos, todas las vidas» [22].

Todos somos uno, en cuanto que formamos una cadena que nos proyecta hacia adelante y hacia atrás. Del barro de los cuerpos se amasan nuevos hombres y nada queda encubierto y nada queda impune. Mario hablaba de «saber el comportamiento de un electrón en una galaxia muy lejana» y Vicente llamaba a eso «¡El punto de vista de Dios!», pero los investigadores descubren que ese es el punto de vista de los hombres en el futuro, en ese futuro que, dentro del planteamiento de la obra, es ya presente y en el que se puede conocer el modo de actuar de cada uno en cualquier época.

«La acción más oculta o insignificante puede ser descubierta un día»; «Cada suceso puede ser percibido desde algún lugar». Por lo tanto, cada electrón, cada hombre ve su conducta juzgada por un tribunal formado por el resto de seres humanos, de ayer, de hoy y de mañana, y del que él mismo forma parte. Ese es el sentido final de la afirmación de los investigadores: «Un ojo implacable nos mira, y es nuestro propio ojo. El presente nos vigila; el porvenir nos conocerá, como nosotros a quienes nos precedieron» [23].

---

[22]   En mi libro *La trayectoria dramática...*, págs. 369-370, mencionaba varias referencias filosóficas y literarias de esta idea. Véase ahora Karl F. Morrison, *«I am You». The Hermeneutics of Empathy in Western Literature, Theology, and Art*, Princeton, New Jersey, Princeton University Press, 1988, donde se trata de la reiterada aparición de la sentencia «Yo soy tú» en los más diversos contextos culturales, desde la teología hinduista o los himnos herméticos y gnósticos hasta la mística cristiana.

[23]   Morrison, *«I am You»*, págs. 17-18, cita al místico Eckhart (las traducciones son mías): «el ojo con el que veo a Dios es el mismo ojo con el que Dios me ve. Mi ojo y el ojo de Dios es un solo ojo». Pero también aclara, pág. 20, que la idea de la identidad, nacida para expresar la fusión con lo divino, se convirtió luego en expresión de otros tipos de unidad humana. Así, desde la filosofía materialista, Feuerbach la emplea para referirse a la fraternidad: por sí mismo, un hombre es sólo un hombre, pero «el hombre con el hombre —la unidad de yo y tú— es Dios».

En ese futuro lejano e impreciso, se habrá superado, pues, la dialéctica entre individuo y colectividad, y aludir a este debate no es una de las menores virtudes de EL TRAGALUZ. En un momento en que los intelectuales comprometidos parecían en los años sesenta obsesionados tan sólo por los valores sociales y muchos tomaban por peligroso desviacionismo la preocupación por el hombre concreto, Buero Vallejo elevó su voz para proclamar que era indispensable tener en cuenta al individuo, que no debía ser sacrificado en beneficio de un hipotético bien general [24].

Hoy, cuando han hecho crisis algunas maneras de organizar la convivencia que decían regirse por principios de solidaridad social —el llamado socialismo real—, se corre el riesgo de caer en un feroz individualismo y ciertas teorías consideran que todo afán colectivo es algo pasado de moda o que ha llegado el fin de toda utopía solidaria. Por eso es muy necesario enfrentarse de nuevo a obras como EL TRAGALUZ, que se convierte así en un grito de alarma respecto a los peligros que laten en el seno de nuestra vida cotidiana y predica, como siempre ha hecho su autor, la conveniencia de una síntesis que permita vencer los horrores aún existentes en el mundo, posibles porque los «activos olvidaban la contemplación; quienes contemplaban no sabían actuar».

Como conclusión final, el drama deja aleteando sobre el casi vacío escenario la posibilidad de que la tierra sea

---

[24] Ya en 1963 escribía el autor: «acaso sea el problema fundamental de nuestra época el de esclarecer en qué grado la edificación de una sociedad justa y humana, mediante los necesarios empeños colectivos encaminados a la transformación externa de las estructuras sociales, tiene que contar con los esfuerzos interiores de cada individuo en pro de su personal realización». Y añadía que «toda tentativa de cambio externo de las estructuras económicas y políticas, emprendida sin conceder atención suficiente a la conducta moral de cada individuo y al problema de su personal perfeccionamiento, puede acarrear graves consecuencias». Véase su «Muñiz», en Carlos Muñiz, *El tintero. Un solo de saxofón. Las viejas difíciles,* Madrid, Taurus, 1963, pág. 66.

en el siglo XXX un lugar que haya superado realmente la «injusticia, guerras y miedo» de nuestro tiempo. «Quizá ellos algún día, Encarna... Ellos sí, algún día...» [25], dice Mario melancólicamente. Para conseguirlo, se sugiere la necesidad de dominar el egoísmo humano e ir más allá de una organización social que sólo atienda a los valores individuales.

Con ello se cumple uno de los principos más firmes que Buero Vallejo ha mantenido a lo largo de su trayectoria como autor. Hombre de pensamiento dialéctico y talante sereno, quiso atender a la vez a la persona concreta y a la sociedad en su conjunto. Daba así forma al mensaje que en los más diversos órdenes ha estado proponiendo siempre con su teatro. A la búsqueda de posiciones integradoras que asuman las contradicciones aparentes, ha escogido formas que sumaran la sólida construcción, aprendida en dramaturgos clásicos y modernos, con un carácter experimental que contribuyera a renovar un teatro de vocación decididamente realista.

Pero a la vez ha creído también que el arte escénico no debía ser una mera distracción pasajera y superficial. Por el contrario, y partiendo del supuesto de que ante todo era un entretenimiento, pensó que cabía ofrecer al espectador mundos que aunaran el interés por la intriga con la reflexión crítica sobre la realidad.

Dotado de una indudable maestría para construir estructuras dramáticas y concretarlas en un lenguaje directo, sobrio y altamente eficaz en la escena, quiso presentar al público un espejo en el que mirarse, pero que además encerrase dentro de sí la semilla de su permanencia. EL TRAGALUZ es, en este sentido, una muestra perfecta de su

---

[25] La ambigüedad de la referencia hace que «ellos» puedan ser los hombres que pasan por la calle, los hijos de Mario y Encarna, los hombres del futuro o los mismos espectadores, pues los personajes están mirando al frente. En cualquier caso, el sentido no varía mucho: «ellos» pueden superar la miseria del presente a base de comprensión y solidaridad.

teatro, pues, pese a abordar un tema tan vinculado a su momento como las consecuencias de la guerra civil española, hoy, sin perder nada de su patética resonancia, mantiene viva su capacidad de convocatoria y perdura como uno de los ejemplos más sugestivos del teatro español del siglo XX.

LUIS IGLESIAS FEIJOO.

Providence-Santiago, primavera-otoño 1992.

BIBLIOGRAFÍA

1. EDICIONES DE «EL TRAGALUZ»

1.1. *Ediciones en español*

Primer Acto, núm. 90, noviembre de 1967, págs. 20-60.
Madrid, Escelicer, col. Teatro, núm. 572, 1968.
Madrid, Taurus, col. El Mirlo Blanco, núm. 10, 1968 (con
    Hoy es fiesta y *Las Meninas;* varias reediciones).
Teatro español 1967-1968, Madrid, Aguilar, 1969.
Madrid, Espasa Calpe, col. Austral, núm. 1.496, 1970
    (con *El sueño de la razón;* varias reediciones).
Madrid, Castalia, col. Clásicos Castalia, núm. 35, 1971
    (ed. Ricardo Doménech; con *El concierto de San Ovidio;*
    varias reediciones).
New York, Charles Scribner's Sons, 1977 (ed. Anthony
    M. Pasquariello y Patricia W. O'Connor).
Torino, «Quaderni Ibero-americani» Editore, col. «Colla-
    na di "Testi e Studi"», núm. 10, 1978 (con la traducción
    citada luego).
Madrid, Castalia, col. Castalia Didáctica, núm. 9, 1985
    (ed. José Luis García Barrientos).

1.2. *Traducciones*

Podál'noe oknó. Trad. al ruso en el vol. *P'esy* de Buero
    Vallejo, Moskvá, «Iskússtvo», 1977, págs. 585-690 (in-
    cluye otras siete obras del autor).

Il lucernario. Trad. al italiano de Roberto Riccardi, Torino, «Quaderni Ibero-americani» Editore, col. «Collana
di "Testi e Studi"», núm. 10, 1978.

The Basement Window. Trad. al inglés de Patricia W. O'Con-
nor, en el vol. *Plays of Protest from the Franco Era,*
Madrid, Sociedad General Española de Librería, 1981,
págs. 15-102 [1].

Fereastra de la subsol. Trad. al rumano de Ruxandra-Ma-
ria Georgescu, Bucuresti, Univers, 1984, págs. 127-206
(en un vol. con traducciones de *Las Meninas, El sueño
de la razón, La Fundación, La detonación,* prólogo de
Ileana Georgescu).

2.   ESTUDIOS SOBRE BUERO VALLEJO
     Y EL TEATRO ESPAÑOL DE POSGUERRA [2]

AA. VV.: *Antonio Buero Vallejo. Premio de Literatura en
lengua castellana «Miguel de Cervantes» 1986,* Barcelona, Anthropos-Ministerio de Cultura, 1987.

AA. VV.: *Antonio Buero Vallejo. Premio Miguel de Cervantes (1986),* Madrid, Biblioteca Nacional, 1987.

ÁLVARO, FRANCISCO: *El espectador y la crítica (El teatro
en España en 1975),* Madrid, Prensa Española, 1976.

Anthropos, núm. 79, Extraordinario 10 (monográfico), diciembre de 1987.

BEJEL, EMILIO: *Buero Vallejo: lo moral, lo social y lo
metafísico,* Montevideo, Instituto de Estudios Superio-
res, 1972.

---

[1]   Existió otra traducción al inglés, *Basement Skylight,* de Adela Hol-
zer, quien preparó como productora el estreno en Broadway en 1976,
aunque finalmente no se llevó a cabo; parece que nunca se ha publicado.
Véase Marion P. Holt, «Modern Spanish Drama and the English-Spea-
king Stage: Fact, Fiction, and Demystification», *Estreno,* XIV, 2, 1988,
pág. 35.
[2]   No se incluyen aquellos que se centran en una sola obra del autor.

BOREL, JEAN-PAUL: *Théâtre de l'impossible,* Neuchâtel, A la Baconnière, 1963. Traducción española de G. Torrente Ballester, *El teatro de lo imposible,* Madrid, Guadarrama, 1966.

CORTINA, JOSÉ RAMÓN: *El arte dramático de Antonio Buero Vallejo,* Madrid, Gredos, 1969.

Cuadernos El Público, núm. 13 (monográfico): *Regreso a Buero Vallejo,* abril de 1986.

CUEVAS GARCÍA, CRISTÓBAL (ed.): *El teatro de Buero Vallejo. Texto y espectáculo. Actas del III Congreso de Literatura Española Contemporánea,* Barcelona, Anthropos, 1990.

DEVOTO, JUAN BAUTISTA: *Antonio Buero Vallejo. Un dramaturgo del moderno teatro español,* Ciudad Eva Perón [La Plata], Buenos Aires, Elite, 1954.

DOMÉNECH, RICARDO: *El teatro de Buero Vallejo,* Madrid, Gredos, 1973.

DOWD, CATHERINE ELIZABETH: *Realismo trascendente en cuatro tragedias sociales de Antonio Buero Vallejo,* Valencia, Estudios de Hispanófila, University of North Carolina, 1974.

EDWARDS, GWYNNE: *Dramatists in Perspective: Spanish Theatre in the Twentieth Century,* Cardiff, University of Wales Press, 1985. Traducción española de A. R. Bocanegra, *Dramaturgos en perspectiva. Teatro español del siglo XX,* Madrid, Gredos, 1989.

Estreno, V, 1, 1979 (monográfico).

FERRERAS, JUAN IGNACIO: *El teatro en el siglo XX (desde 1939),* Madrid, Taurus, 1988.

FORYS, MARSHA: *Antonio Buero Vallejo and Alfonso Sastre. An Annotated Bibliography,* Metuchen, New Jersey-London, The Scarecrow Press, 1988.

FUENTE, RICARDO DE LA, y GUTIÉRREZ, FABIÁN: *Cómo leer a Antonio Buero Vallejo,* Madrid-Gijón, Júcar, col. Guías de Lectura Júcar, núm. 11, 1992.

GARCÍA LORENZO, LUCIANO: *El teatro español hoy,* Barcelona, Planeta-Editora Nacional, 1975.

GARCÍA PAVÓN, FRANCISCO: *El teatro social en España (1895-1962),* Madrid, Taurus, 1962.

GARCÍA TEMPLADO, JOSÉ: *El teatro español actual,* Madrid, Anaya, 1992.

GARCÍA TEMPLADO, JOSÉ: *Literatura de la posguerra: El teatro,* Madrid, Cincel, 1981.

GERONA LLAMAZARES, JOSÉ LUIS: *Discapacidades y minusvalías en la obra teatral de D. Antonio Buero Vallejo (Apuntes psicológicos y psicopatológicos sobre el arte dramático como método de exploración de la realidad humana),* Madrid, Universidad Complutense, 1991.

GIULIANO, WILLIAM: *Buero Vallejo, Sastre y el teatro de su tiempo,* New York, Las Américas, 1971.

GONZÁLEZ-COBOS DÁVILA, CARMEN: *Antonio Buero Vallejo: el hombre y su obra,* Salamanca, Eds. de la Universidad de Salamanca, 1979.

GRIMM, REINHOLD: *Ein iberischer «Gegenentwurf»? Antonio Buero Vallejo, Brecht und das moderne Welttheater,* Kopenhagen-München, Wilhelm Fink Verlag, 1991.

GUERRERO ZAMORA, JUAN: *Historia del teatro contemporáneo,* Barcelona, Juan Flors, vol. IV, 1967.

HALSEY, MARTHA T.: *Antonio Buero Vallejo,* New York, Twayne, 1973.

HOLT, MARION P.: *The Contemporary Spanish Theater (1949-1972),* Boston, Twayne, 1975.

HUERTA CALVO, JAVIER: *El teatro en el siglo XX,* Madrid, Playor, 1985.

IGLESIAS FEIJOO, LUIS: *La trayectoria dramática de Antonio Buero Vallejo,* Santiago de Compostela, Eds. de la Universidad de Santiago, 1982.

MARQUERÍE, ALFREDO: *Veinte años de teatro en España,* Madrid, Editora Nacional, 1959.

MATHIAS, JULIO: *Buero Vallejo,* Madrid, Epesa, 1975.

MOLERO MANGLANO, LUIS: *Teatro español contemporáneo,* Madrid, Editora Nacional, 1974.

MÜLLER, RAINER: *Antonio Buero Vallejo. Studien zum spanischen Nachkriegstheater,* Köln, Universidad, 1970.

NEWMAN, JEAN CROSS: *Conciencia, culpa y trauma en el teatro de Antonio Buero Vallejo,* Valencia, Albatros Hispanófila, 1992.

NICHOLAS, ROBERT L.: *The Tragic Stages of Antonio Buero Vallejo,* Valencia, Estudios de Hispanófila, University of North Carolina, 1972.

OLIVA, CÉSAR: *El teatro desde 1936,* Madrid, Alhambra, 1989.

PACO, MARIANO DE (ed.): *Buero Vallejo. Cuarenta Años de Teatro,* Murcia, CajaMurcia, 1988.

PACO, MARIANO DE (ed.): *Estudios sobre Buero Vallejo,* Murcia, Universidad, 1984.

PAJÓN MECLOY, ENRIQUE: *Buero Vallejo y el antihéroe,* Madrid, 1986.

PAJÓN MECLOY, ENRIQUE: *El teatro de A. Buero Vallejo: marginalidad e infinito,* Madrid, Fundamentos, 1991.

PÉREZ MINIK, DOMINGO: *Teatro europeo contemporáneo,* Madrid, Guadarrama, 1961.

PÉREZ-STANSFIELD, MARÍA PILAR: *Direcciones de teatro español de posguerra: Ruptura con el teatro burgués y radicalismo contestatario,* Madrid, José Porrúa Turanzas, 1983.

PUENTE SAMANIEGO, PILAR DE LA: *A. Buero Vallejo. Proceso a la historia de España,* Salamanca, Eds. de la Universidad de Salamanca, 1980.

RICE, MARY: *Distancia e inmersión en el teatro de Buero Vallejo,* New York, Peter Lang, 1992.

RUGGERI MARCHETTI, MAGDA: *Il teatro di Antonio Buero Vallejo o il processo verso la verità,* Roma, Bulzoni, 1981.

RUIZ RAMÓN, FRANCISCO: *Celebración y catarsis (Leer el teatro español),* Murcia, Cuadernos de la Cátedra de Teatro de la Universidad de Murcia, 1988.

RUIZ RAMÓN, FRANCISCO: *Estudios sobre teatro español clásico y contemporáneo,* Madrid, Fundación Juan March-Cátedra, 1978.

RUIZ RAMÓN, FRANCISCO: *Historia del teatro español. Siglo XX,* Madrid, Cátedra, 1975.

RUPLE, JOELYN: *Antonio Buero Vallejo (The first fifteen years)*, New York, Eliseo Torres and Sons, 1971.

SALVAT, RICARD: *Teatre contemporani*, vol. II, Barcelona, Edicions 62, 1966.

SCHMIDHUBER, GUILLERMO: *Teatro e historia. Parangón entre Buero Vallejo y Usigli*, Monterrey, México, Gobierno del Estado de Nuevo León, 1992.

SORDO, ENRIQUE: «El teatro español desde 1936 hasta 1966», en Guillermo Díaz-Plaja, ed., *Historia General de las Literaturas Hispánicas. VI. Literatura contemporánea*, Barcelona, Vergara, 1968.

TORRENTE BALLESTER, GONZALO: *Teatro español contemporáneo*, Madrid, Guadarrama, 1957; 2.ª ed. [muy ampliada], 1968.

URBANO, VICTORIA: *El teatro español y sus directrices contemporáneas*, Madrid, Editora Nacional, 1972.

VERDÚ DE GREGORIO, JOAQUÍN: *La luz y la oscuridad en el teatro de Buero Vallejo*, Barcelona, Ariel, 1977.

3. MONOGRAFÍAS Y ARTÍCULOS SOBRE
    «EL TRAGALUZ» [3]

ALSINA, JEAN: «Le spectateur dans le dispositif dramatique: *El tragaluz* de Antonio Buero Vallejo -Regard, Histoire et Société», *Hispanistica XX*, núm. 2, Dijon, Université de Dijon, 1984, págs. 123-139.

ARAGONÉS, JUAN EMILIO: *Veinte años de teatro español (1960-1980)*, Boulder, Colorado, Society of Spanish and Spanish-American Studies, 1987, pág. 113-114.

AZNAR, MANUEL: «Claves de lectura. *El tragaluz»*, de Antonio Buero Vallejo», en José-Carlos Mainer y otros,

---

[3] Se relacionan aquellos que tratan de la obra, aunque no sea de manera exclusiva. No se detallan los artículos sobre la obra incluidos en los monográficos citados en el apartado anterior, ni se incluyen las críticas del estreno.

Literatura española contemporánea, Madrid, Santillana, 1992, págs. 336-339.

BLUMENSTOCK, GOTTLIEB: «Antonio Buero Vallejo: Das Kellerfenster *(El Tragaluz).* Eine Interpretation», *Die Neueren Sprachen,* LXX, 1971, págs. 602-612.

BROWN, KENNETH: «The Significance of Insanity in Four Plays by Antonio Buero Vallejo», *Revista de Estudios Hispánicos,* VIII, 1974, págs. 247-260.

CASA, FRANK P.: «The Problem of National Reconciliation in Buero Vallejo's *El tragaluz»*, *Revista Hispánica Moderna,* XXXV, 1969, págs. 285-294.

CHAMBORDON, GABRIELA: «El conocimiento poético en el teatro de Antonio Buero Vallejo», *Cuadernos Hispanoamericanos,* LXXXV, núms. 253-254, enero-febrero de 1971, págs. 52-98.

CHICHARRO, DÁMASO, y SERRANO, LUCRECIO: «Antonio Buero Vallejo y su universo trágico», en *Literatura española contemporánea (COU),* Madrid, Júcar, 1986, págs. 363-367.

CRUZ, JACQUELINE: «Una investigación en torno a la memoria: *El tragaluz,* de Antonio Buero Vallejo», *Mester,* XIX, 1, 1990, págs. 39-48.

DIXON, VÍCTOR: «The "immersion-effect" in the plays of Antonio Buero Vallejo», en James Redmond, ed., *Drama and mimesis,* Cambridge, Cambridge University Press, págs. 113-137; reimpreso en Mariano de Paco, ed., *Estudios sobre Buero Vallejo,* cit.

DOMÉNECH, RICARDO: «"El tragaluz", una tragedia de nuestro tiempo», *Cuadernos Hispanoamericanos,* núm. 217, enero de 1968, págs. 124-136.

DOMÉNECH, RICARDO: «A propósito de "El tragaluz"», *Cuadernos para el Diálogo,* núm. 51, diciembre de 1967, págs. 40-41.

DOMÉNECH, RICARDO: «Introducción» a su edición de la obra, cit.

DOMÍNGUEZ, ANTONIO JOSÉ: *«El tragaluz» de Antonio Buero Vallejo,* Madrid, Akal, col. Guías y Monografías, 1989.

FERNÁNDEZ-SANTOS, ÁNGEL: «El enigma de *El tragaluz*», *Primer Acto,* núm. 90, noviembre de 1967, págs. 4-6.

FONSECA, VIRGINIA DE: «Sobre el teatro de Buero Vallejo. *El tragaluz o los modos de vida*», *Revista de la Universidad de Costa Rica,* diciembre de 1970 [no consultado].

FRANCOLÍ, EDUARDO: «El tema de Caín y Abel en Unamuno y Buero Vallejo», *Romance Notes,* XIV, 1972, págs. 244-251.

GARCÍA BARRIENTOS, JOSÉ LUIS: «El teatro de Buero Vallejo», en Juan J. Amate y otros, *Curso de literatura española. Orientación Universitaria,* Madrid, Alhambra, 1978, págs. 252-269.

GARCÍA BARRIENTOS, JOSÉ LUIS: «Introducción» a su edición de la obra, cit.

GARCÍA BARRIENTOS, JOSÉ LUIS: «El espacio de *El tragaluz.* Significado y estructura», *Revista de Literatura,* LII, núm. 104, 1990, págs. 487-504.

GARCÍA BARRIENTOS, JOSÉ LUIS: *Drama y tiempo. Dramatología I,* Madrid, Consejo Superior de Investigaciones Científicas, 1991, págs. 168-169 y 180.

GUTIÉRREZ, FABIÁN: *El tragaluz. A. Buero Vallejo,* Madrid, Alborada, col. Cuadernos Clásicos de la Cultura, 1989.

GUTIÉRREZ FLÓREZ, FABIÁN: «El espacio y el tiempo teatrales: propuesta de acercamiento semiótico», *Tropelías,* Zaragoza, núm. 1, 1990 [pero 1992], págs. 135-149.

HAVERBECK O., ERWIN: «Aproximaciones al teatro de Buero Vallejo», *Stylo,* Temuco, Chile, Universidad Católica de Chile, Ediciones Universitarias de la Frontera, núm. 10, 1970, págs. 25-87.

ISASI ANGULO, A. CARLOS: «Hacia una nueva interpretación del teatro de Antonio Buero Vallejo», *Iberorromania,* núm. 2, 1975, págs. 115-135.

JIMÉNEZ-VERA, ARTURO: «La sociedad española vista a través de *El tragaluz* de Antonio Buero Vallejo», *Hispanófila,* núm. 81, 1984, págs. 35-42.

KRONIK, JOHN W.: «Buero Vallejo's *El tragaluz* and

Man's Existence in History», *Hispanic Review,* 41, 1973, págs. 371-396.

LARUBIA PRADO, FRANCISCO: *«El tragaluz* de Buero Vallejo: el artista como arquitecto del futuro», *Boletín de la Biblioteca Menéndez Pelayo,* LXV, 1989, págs. 317-335.

MARÍN MARTÍNEZ, JUAN MARÍA: «Estudio monográfico de "El tragaluz"», en Juan María Marín Martínez y otros, *Literatura,* Zaragoza, Luis Vives, 1987, págs. 163-168.

MARTÍNEZ LACALLE, GUADALUPE: «De la influencia de Unamuno en *El tragaluz,* de Antonio Buero Vallejo», *Belfast Spanish and Portuguese Papers,* 1979, págs. 95-110.

MCSORLEY, BONNIE SHANNON: «Buero Vallejo's *Mito* and *El tragaluz:* The Twilight Zone of Hope», *Science-Fiction Studies,* 10, 1983, págs. 81-86.

MCSORLEY, BONNIE SHANNON: *Historia de una escalera* and *El tragaluz:* Twenty Years and One Reality», *Modern Language Studies,* X, 1979-1980, págs. 69-74.

MOLINA, IDA: «Dialectics of the Search for Truth in *El otro* and in *El tragaluz», Romanistisches Jahrbuch,* XXIV, 1973, págs. 323-329.

MOLINA, IDA: «Note on the Dialectics of the Search for Truth in *El otro* and in *El tragaluz», Romance Notes,* XIV, 1972, págs. 23-26.

MOLINA, IDA: *«Vita activa* and *vita contemplativa:* Buero Vallejo's *El tragaluz* and Hermann Hesse's *Magister Ludi», Hispanófila,* núm. 53, 1975, págs. 41-48.

MONTERO, ISAAC: *«El tragaluz,* de Antonio Buero Vallejo», *Nuevos Horizontes,* México, núms. 3-4, 1968, págs. 28-40.

MOON, HAROLD K.: «Religious Tradition and Antonio Buero Vallejo», en Gilbert Paolini, ed., *La Chispa '87. Selected Proceedings,* New Orleans, Tulane University, 1987, págs. 177-186.

NONOYAMA, MINAKO: «La personalidad en los dramas de Buero Vallejo y de Unamuno», *Hispanófila,* núm. 49, 1973, págs. 69-78.

OSUNA, JOSÉ: «Las dificultades de mi puesta en escena», *Primer Acto,* núm. 90, noviembre de 1967, págs. 16-19.

OSUNA, JOSÉ: «Mi colaboración con Buero», en Mariano de Paco, ed., *Buero Vallejo (Cuarenta Años de Teatro),* cit., págs. 55-59.

PACO, MARIANO DE: «Orientaciones para la lectura y análisis de "El tragaluz"», en M. de Paco, ed., *Literatura española del siglo XX,* Alcoy, Marfil, 1978, páginas 195-197.

PENNINGTON, ERIC: «Antonio Buero Vallejo's Use of Biblical Archetypes», *Notes on Contemporary Literature,* X, 4, 1980, pág. 12.

PENNINGTON, ERIC: «Buero Vallejo: Spain's History and the Bible», en *The Writer and the Past: Proceedings of the 1980 Symposium of the Literature Circle of the Department of Foreign Languages,* Terre Haute, Indiana, Indiana State University, 1981, págs. 99-103.

PENNINGTON, ERIC: *«El misterio de Elche* in *El tragaluz:* A Case of Subtle Foreshadowing», *Cuadernos de ALDEEU,* I, 1, 1983, págs. 83-89.

PENNINGTON, ERIC: «Life, Death, and Love in *El tragaluz»,* Ulula, núm. 2, 1986, págs. 29-40.

PENNINGTON, ERIC: «Psychology and Symbolism in the Death of Vicente in Buero Vallejo's *El tragaluz», Journal of the School of Languages,* 7, 1-2, 1980, págs. 141-156 [no consultado].

PENNINGTON, ERIC: «The Forgotten *Muñeco* of *El tragaluz»,* Ulula, núm. 2, 1986, págs. 117-124.

POLANSKY, SUSAN G.: «Provocation to Audience Response: Narrators in the Plays of Antonio Buero Vallejo», *Letras Peninsulares,* 1, 2, 1988, págs. 200-223.

QUINTO, JOSÉ MARÍA DE: «Crónica de teatro. *El tragaluz,* de Buero Vallejo», *Ínsula,* núm. 252, noviembre de 1967, págs. 15-16.

RODRÍGUEZ CELADA, ANTONIO: «"El tragaluz" (1967) y "The Price" (1968) o el estudio psicológico del mito cainita invertido», *Studia Zamorensia,* 3, 1982, págs. 539-549.

RUANO SÁNCHEZ, VÍCTOR: «Algunas diferencias y puntos de contacto entre *El tragaluz* de A. Buero Vallejo, y *Un mundo feliz,* de A. Huxley», *Residencia,* Cáceres, Uni-

versidad de Extremadura, Departamento de Literatura
Española, núms. 7-8, 1983, págs. 81-89.

SCHRADER, LUDWIG: «Buero Vallejo y Unamuno», *Actas
del Séptimo Congreso de la Asociación Internacional de
Hispanistas,* Roma, Bulzoni, 1982, vol. II, págs. 945-951.

SERRA MARTÍNEZ, ELÍAS, y OTÓN SOBRINO, ALBERTO:
*Introducción a la literatura española contemporánea a
través del comentario de textos,* Madrid, Edinumen,
1983; 2.ª ed. aumentada, 1986, págs. 223-234.

SIGUÁN, J.: «El teatro de Buero Vallejo», *Arbor,* CXI,
núm. 433, enero de 1982, págs. 85-99.

SIKKA, LINDA SOLLISH: «Buero's Women: Structu-
ral Agents and Moral Guides», *Estreno,* XVI, 1, 1990,
págs. 18-22 y 31.

SIKKA, LINDA SOLLISH: «Cain, Mario and Me: Interrela-
tedness in *El tragaluz», Estreno,* XVI, 2, 1990,
págs. 29-32.

TUSÓN, VICENTE, y LÁZARO, FERNANDO: «Buero Vallejo
y *El tragaluz»,* en *Literatura Siglo XX C.O.U.,* Madrid,
Anaya, 1989, págs. 371-386.

WEISS, GERARD R.: «Buero Vallejo's Theory of Tragedy
in *El tragaluz», Revista de Estudios Hispánicos,* V, 1971,
págs. 147-160.

ZATLIN-BORING, PHYLLIS: «Expressionism in the Contemporary Spanish Theatre», *Modern Drama,* XXVI,
1983, págs. 555-569.

EL TRAGALUZ

(EXPERIMENTO EN DOS PARTES)

Esta obra se estrenó la noche del 7 de octubre de 1967, en el Teatro Bellas Artes, de Madrid, con el siguiente

REPARTO

(Por orden de intervención)

ELLA	*Carmen Fortuny.*
ÉL	*Sergio Vidal.*
ENCARNA	*Lola Cardona.*
VICENTE	*Jesús Puente.*
EL PADRE	*Francisco Pierrá.*
MARIO	*José María Rodero.*
LA MADRE	*Amparo Martí.*
ESQUINERA (no habla)	*Mari Merche Abreu.*
CAMARERO (no habla)	*Norberto Minuesa.*

VOCES Y SOMBRAS DE LA CALLE.

Derecha e izquierda, las del espectador

Dirección escénica: JOSÉ OSUNA.

Decorado: SIGFRIDO BURMAN.

NOTA: Los fragmentos encerrados entre corchetes fueron suprimidos en las representaciones.

PARTE PRIMERA

El experimento suscita sobre el espacio escénico la impresión, a veces vaga, de los lugares que a continuación se describen.

El cuarto de estar de una modesta vivienda instalada en un semisótano ocupa la escena en sus dos tercios derechos. En su pared derecha hay una puerta. En el fondo, corto pasillo que conduce a la puerta de entrada a la vivienda. Cuando ésta se abre, se divisa la claridad del zaguán. En la pared derecha de este pasillo está la puerta del dormitorio de los padres. En la de la izquierda, la puerta de la cocina.

La pared izquierda del cuarto de estar no se ve completa: sólo sube hasta el borde superior de la del fondo, en el ángulo que forma con ella, mediante una estrecha faja, y en su parte inferior se extiende hacia el frente formando un rectángulo de metro y medio de alto.

Los muebles son escasos, baratos y viejos. Hacia la izquierda hay una mesa camilla pequeña, rodeada de dos o tres sillas. En el primer término de la derecha, silla contra la pared y, ante ella, una mesita baja. En el rectángulo inferior de la pared izquierda, un vetusto sofá. Algunas sillas más por los rincones. En el paño derecho del fondo, una cómoda. La jarra de agua, los vasos, el frutero y el cestillo del pan que sobre ella descansan muestran que también sirve de aparador. Sobre la mesita de la derecha hay papeles, un cenicero y algún libro. Por las paredes, clavados con chinchetas, retratos de artistas y escritores recortados de revistas, postales de obras de arte y reproducciones de cuadros famosos arrancadas asimismo de revistas, alternan con algunos viejos retratos de familia.

El amplio tragaluz que, al nivel de la calle, ilumina el semisótano, es invisible: se encuentra en la cuarta pared [1] y, cuando los personajes miman el ademán [2] de abrirlo, proyecta sobre la estancia la sombra de su reja.

El tercio izquierdo de la escena lo ocupa un bloque cuyo lado derecho está formado por el rectángulo inferior de la pared izquierda del cuarto de estar. Sobre este bloque se halla una oficina. La única pared que de ella se ve con claridad es la del fondo, que forma ángulo recto con la estrecha faja de pared que, en el cuarto de estar, sube hasta su completa altura. En la derecha de esta pared y en posición frontal, mesa de despacho y sillón. En la izquierda y contra el fondo, un archivador. Entre ambos muebles, la puerta de entrada. En el primer término izquierdo de la oficina y de perfil, mesita con máquina de escribir y silla. En la pared del fondo y sobre el sillón, un cartel de propaganda editorial en el que se lee claramente *Nueva Literatura* y donde se advierten textos más confusos entre

---

[1] *cuarta pared:* «Convención puesta de moda por el naturalismo, por la cual el arco del proscenio representa la cuarta pared de la habitación donde se mueven los personajes» (Rafael Portillo-Jesús Casado, *Abecedario del teatro,* Madrid, Centro de Documentación Teatral, 1988, pág. 49). Más allá del teatro naturalista, el término sirve para designar sin más el espacio sobre el proscenio. Véase también Patrice Pavis, *Dictionnaire du Théâtre,* París, Editions Sociales, 1980, pág. 315, *s.v.* «quatrième mur». El director del estreno, José Osuna, «Mi colaboración con Buero», pág. 58, afirma que el autor asumió «sugerencias como fueron por ejemplo desistir de su idea original de que el tragaluz estuviera en la pared del fondo lo cual obligaba a que las escenas más importantes se hicieran trucadas o de espaldas al público y aceptar la idea que le propuse de colocar el tragaluz en la cuarta pared para que los actores miraran al público»; Buero Vallejo me ha aclarado, sin embargo, que desde muy pronto pensó en ubicar el tragaluz en la cuarta pared y así figuró desde la primera redacción de la obra.

[2] *miman el ademán:* imitan la acción de abrir el tragaluz.

fotografías de libros y de escritores; algunas de estas cabezas son idénticas a otras de las que adornan el cuarto de estar.

Ante la cara frontal del bloque que sostiene la oficina, el velador de un cafetín con dos sillas de terraza. Al otro lado de la escena y formando ángulo con la pared derecha del cuarto de estar, la faja frontal, roñosa y desconchada, de un muro callejero [3].

Por la derecha e izquierda del primer término, espacio para entradas y salidas.

En la estructura general no se advierten las techumbres; una extraña degradación de la luz o de la materia misma vuelve imprecisa la intersección de los lugares descritos; sus formas se presentan, a menudo, borrosas y vibrátiles.

La luz que ilumina a la pareja de investigadores es siempre blanca y normal. Las sucesivas iluminaciones de los diversas escenas y lugares crean, por el contrario, constantes efectos de lividez e irrealidad.

(Apagadas las luces de la sala, entran por el fondo de la misma ELLA *y* ÉL [4]: *una joven*

---

[3]   A diferencia de lo que ocurre en las obras anteriores a 1958, en las que se utiliza un espacio escénico realista tradicional que imita en cada caso un solo lugar, a partir de *Un soñador para un pueblo* Buero emplea el escenario simultáneo, esto es, un espacio que condensa lugares que en la realidad no son contiguos. En el estreno de 1967, el director alteró un poco lo previsto en las indicaciones del autor, para transmitir la necesaria sensación de irrealidad que debe tener la historia situada en un pasado remoto y recuperada por los investigadores: «se construyó un plano inclinado con un veinte por ciento de desnivel, sobre el que se movieran los personajes. (El desnivel normal de un escenario no pasa nunca de un cinco por ciento.) Este plano inclinado debería, además, estar rodeado de otros más altos que acentuaran esa sensación de pozo a la que tan insistentemente se refiere el texto» (José Osuna, «Las dificultades de mi puesta en escena», pág. 17).

[4]   La aparición de personajes a través del patio de butacas, conocida al menos desde Pirandello en el teatro contemporáneo, supone la ruptura de las barreras entre escena y público e impone una relación diferente de éste con el espectáculo teatral. Buero ya había planteado una quiebra de los modos del realismo convencional en *La doble historia del doctor Valmy,* escrita antes de *El tragaluz,* pero que no había podido es-

pareja vestida con extrañas ropas, propias del
siglo a que pertenecen. Un foco los ilumina. Sus
movimientos son pausados y elásticos. Se acer-
can a la escena, se detienen, se vuelven y miran
a los espectadores durante unos segundos. Lue-
go hablan, con altas y tranquilas voces.)

ELLA.—Bien venidos. Gracias por haber querido presenciar nuestro experimento.

ÉL.—Ignoramos si el que nos ha correspondido [reali-
zar] a nosotros dos os parecerá interesante.

ELLA.—Para nosotros lo ha sido en alto grado. *(Mira,*
sonriente, a su pareja.) ¿Se decía entonces «en alto grado»?

ÉL.—Sí. *(A los espectadores.)* La pregunta de mi compañera tiene su motivo. Os extrañará nuestro tosco modo de
hablar, nuevo en estas experiencias. El Consejo ha dispuesto que los experimentadores usemos el léxico del
tiempo que se revive. Os hablamos, por ello, al modo del
siglo veinte, y en concreto, conforme al lenguaje de la
segunda mitad de aquel siglo, ya tan remoto [5]. *(Suben los*
dos a la escena por una escalerilla y se vuelven de nuevo
hacia los espectadores.) Mi compañera y yo creemos haber
sido muy afortunados al realizar este experimento [por
una razón excepcional]: la historia que hemos logrado
rescatar del pasado nos da, explícita ya en aquel [lejano]
tiempo, *la pregunta.*

ELLA.—Como sabéis, *la pregunta* casi nunca se encuen-

---

trenar; en ella también aparecen dos personajes, esta vez en escena, y se
dirigen directamente a los espectadores antes de que se levante el telón.

[5]   Desde el principio de la obra queda claramente establecido el juego
temporal en que se basa: el presente es, para el público real, un futuro
muy lejano, desde el que cabe decir que el siglo XX es «tan remoto». El
espectador se encuentra con que su tiempo se le ha convertido en
pasado, pero a la vez, dado que le interpelan como hombre de ese siglo
futuro, se le otorga un papel en la ficción, el de contemplador del
«experimento» que Ella y Él llevan a cabo. Queda así despojado de su
identidad, de su tiempo, hasta de su lenguaje, definido como «tosco
modo de hablar».

tra en las historias de las más diversas épocas que han reconstruido nuestros detectores. En la presente historia la encontraréis formulada del modo más sorprendente.

ÉL.—Quien la formula no es una personalidad notable, [nadie de quien guardemos memoria.] Es un ser oscuro y enfermo.

ELLA.—La historia es, como tantas otras, oscura y singular, pues hace siglos que comprendimos de nuevo la importancia... *(A su pareja.)* ¿Infinita?

ÉL.—Infinita.

ELLA.—La importancia infinita del caso singular. Cuando estos fantasmas vivieron solía decirse que la mirada a los árboles impedía ver el bosque. Y durante largas etapas llegó a olvidarse que también debemos mirar a un árbol tras otro para que nuestra visión del bosque [..., como entonces se decía...,] no se deshumanice. Finalmente, los hombres hubieron de aprenderlo para no sucumbir, y ya no lo olvidaron.

> *(ÉL levanta una mano, mirando al fondo y a los lados de la sala. Oscilantes ráfagas de luz iluminan a la pareja y al telón.)*

ÉL.—Como los sonidos son irrecuperables, los diálogos se han restablecido mediante el movimiento de los labios y añadido artificialmente. Cuando las figuras se presentaban de espaldas [o su visualidad no era clara], los calculadores electrónicos... *(A su pareja.)* ¿Se llamaban así [entonces]?

ELLA.—Y también computadores, o cerebros.

ÉL.—Los calculadores electrónicos han deducido las palabras no observables. Los ruidos naturales han sido agregados asimismo.

ELLA.—Algunas palabras procedentes del tragaluz se han inferido igualmente mediante los cerebros electrónicos.

ÉL.—Pero su condición de fenómeno real es, ya lo comprenderéis, más dudosa.

ELLA.—*(Su mano recomienda paciencia.)* Ya lo comprenderéis...

ÉL.—Oiréis además, en algunos momentos, un ruido extraño. [No pertenece al experimento y] es el único sonido que nos hemos permitido incluir por cuenta propia.

ELLA.—Es el ruido de aquella desaparecida forma de locomoción llamada ferrocarril [y lo hemos recogido de una grabación antigua.] Lo utilizamos para expresar escondidas inquietudes que, a nuestro juicio, debían destacarse. Oiréis, pues, un tren; o sea un pensamiento [6].

> *(El telón se alza. En la oficina, sentada a la máquina, ENCARNA. VICENTE la mira, con un papel en la mano, sentado tras la mesa de despacho. En el cuarto de estar EL PADRE se encuentra sentado a la mesa, con unas tijeras en la mano y una vieja revista ante él; sentado a la mesita de la derecha, con un bolígrafo en la mano y pruebas de imprenta ante sí, MARIO. Los cuatro están inmóviles. Ráfagas de luz oscilan sobre ambos lugares.)*

ÉL.—Como base de la experiencia, unos pocos lugares que los proyectores espaciales mantendrán simultáneamente visibles, [aunque no siempre con igual nitidez.] *(Señala a la escena.)* En este momento trabajan a rendimiento mínimo y las figuras parecen inmóviles; actuarán a ritmo normal cuando les llegue su turno. [Os rogamos atención: el primer grupo de proyectores está llegando al punto idóneo...] *(Las ráfagas de luz fueron desapareciendo. En la oficina se amortigua la vibración luminosa y crece una*

---

[6]   Las últimas intervenciones son importantes para establecer el grado de ambigüedad que reina en la obra: todas las palabras son un añadido de los investigadores, lo mismo que los sonidos. Resulta, por tanto, imposible saber si algunos sucesos son proyección del pensamiento de un personaje o escenas «reales»; del mismo modo, el ruido del tren es también signo y símbolo de una obsesión: el acto oculto en el pasado.

viva luz diurna. El resto de la escena permanece en penumbra. ENCARNA *empieza, muy despacio, a teclear sobre la máquina.)* La historia sucedió en Madrid, capital que fue de una antigua nación llamada España.

ELLA.—Es la historia de unos pocos árboles, ya muertos, en un bosque inmenso.

> *(*ÉL *y* ELLA *salen por ambos laterales. El ritmo del tecleo se vuelve normal, pero la mecanógrafa no parece muy rápida ni muy segura. En la penumbra del cuarto de estar* EL PADRE *y* MARIO *se mueven de tanto en tanto muy lentamente.* ENCARNA *copia un papel que tiene al lado. Cuenta unos veinticinco años y su físico es vulgar, aunque no carece de encanto. Sus ropas, sencillas y pobres.* VICENTE *parece tener unos cuarenta o cuarenta y un años. Es hombre apuesto y de risueña fisonomía. Viste cuidada y buena ropa de diario. En su izquierda, un grueso anillo de oro.* ENCARNA *se detiene, mira perpleja a* VICENTE, *que le sonríe, y vuelve a teclear.)*

ENCARNA.—Creo que ya me ha salido bien.
VICENTE.—Me alegro.

> *(*ENCARNA *teclea con ardor unos segundos. Suena el teléfono.)*

ENCARNA.—¿Lo tomo?
VICENTE.—Yo lo haré. *(Descuelga.)* Diga... Hola, Juan. *(Tapa el micrófono.)* Sigue, Encarnita. No me molestas. *(*ENCARNA *vuelve a teclear.)* ¿Los membretes? Mientras no se firme la escritura no debemos alterar el nombre de la Editora... ¿Cómo? Creí que aún teníamos una semana [por delante... Claro que asistiré.] *(*ENCARNA *saca los papeles del carro.)* ¡No he de alegrarme, [hombre!] ¡Ahora sí que vamos a navegar con viento de popa!... No. De la

nueva colección, el de más venta es el de Eugenio Beltrán, y ya hemos contratado para él tres traducciones... Naturalmente: la otra novela de Beltrán pasa a la imprenta en seguida. Pasado mañana nos firma el contrato. Aún no la he mandado porque la estaba leyendo Encarnita. [*(Sonríe.)* Es un escritor a quien también ella admira mucho...] *(Se lleva una sorpresa mayúscula.)* ¿Qué dices?... ¡Te atiendo, te atiendo! *(Frunce las cejas, disgustado.)* Sí, sí. Comprendo... Pero escucha... ¡Escucha, hombre!... ¡Que me escuches, te digo! Hay una serie de problemas que... Espera. *(Tapa el micrófono.)* Oye, Encarnita: ¿me has reunido las revistas y las postales?

ENCARNA.—Es cosa de un momento.

VICENTE.—Hazlo ya, ¿quieres? *(Mira su reloj.)* Nos vamos en seguida; ya es la hora.

ENCARNA.—Bueno.

(Sale por el fondo.)

VICENTE.—*(Al teléfono.)* Escucha, Juan. Una cosa es que el grupo entrante intervenga en el negocio y otra [muy distinta] que trate de imponernos sus fobias literarias, o políticas, o lo que sean. [No creo que debamos permitir...] ¡Sabes muy bien a qué me refiero!... ¿Cómo que no lo sabes? ¡Sabes de sobra que se la tienen jurada a Eugenio Beltrán, [que lo han atacado por escrito, que...]. *(Se exalta.)* ¡Juan, hay contratos vigentes, y otros en puertas!... ¡Atiende, hombre!... *(De mala gana.)* Sí, sí, te oigo... *(Su cara se demuda; su tono se vuelve suave.)* No comprendo por qué llevas la cuestión a ese terreno... Ya sé que no hay nadie insustituible, y yo no pretendo serlo... Por supuesto: la entrada del nuevo grupo me interesa tanto como a ti... *(Escucha, sombrío.)* Conforme... *(Da una iracunda palmada sobre la mesa.)* ¡Pues tú dirás lo que hacemos!... [¡A ver! ¡Tú mandas!...] Está bien: ya pensaré lo que le digo a Beltrán. [Pero ¿qué hacemos si hay nuevas peticiones de traducción?... Pues también torearé ese toro, sí, señor...] *(Amargo.)* Comprendido, Juan. ¡Ha muerto Beltrán, viva la Editora!... ¡Ah, no! En eso te equivocas. Beltrán me gusta, pero admito que se está anquilosando... Una lástima. *(ENCARNA vuelve con un rimero de revistas ilustradas, postales y un sobre. Lo pone todo sobre la mesa. Se miran. El tono de* VICENTE *se vuelve firme y terminante.)* Comparto tu criterio; puedes estar seguro. No estamos sólo para ganar cuartos [como tenderos], sino para velar por la nueva literatura... Pues siempre a tus órdenes... Hasta mañana. *(Cuelga y se queda pensativo.)* Mañana se firma la nueva escritura, Encarna. El grupo que entra aporta buenos dineros. Todo va a mejorar, y mucho.

ENCARNA.—¿Cambiaréis personal?

VICENTE.—De aquí no te mueves, ya te lo he dicho.

ENCARNA.—Ahora van a mandar otros tanto como tú... [Y no les gustará mi trabajo.

VICENTE.—Yo lo defenderé.

ENCARNA].—Suponte que te ordenan echarme...

[VICENTE.—No lo harán.

ENCARNA.—¿Y si lo hacen?]

VICENTE.—Ya te encontraría yo otro agujero.

ENCARNA.—*(Con tono de decepción.)* ¿Otra... oficina?

VICENTE.—¿Por qué no?

ENCARNA.—*(Después de un momento.)* ¿Para que me acueste con otro jefe?

VICENTE.—*(Seco.)* Puedo colocarte sin necesidad de eso. Tengo amigos.

ENCARNA.—Que también me echarán.

VICENTE.—*(Suspira y examina sus papeles.)* Tonterías. No vas a salir de aquí. *(Consulta su reloj.)* ¿Terminaste la carta?

ENCARNA.—*(Suspira.)* Sí.

(Va a la máquina, recoge la carta y se la lleva. Él la repasa.)

VICENTE.—¡Mujer!

(Toma un lápiz rojo.)

ENCARNA.—*(Asustada.)* ¡«Espléndido» es con «ese»! ¡Estoy segura!

VICENTE.—Y «espontáneo» también.

ENCARNA.—¿Expontáneo?

VICENTE.—Como tú lo dices es con equis, pero lo dices mal.

(Tacha con el lápiz.)

[ENCARNA.—*(Cabizbaja.)* No valgo.

VICENTE.—Sí que vales. *(Se levanta y le toma la barbilla.)* A pesar de todo, progresas.]

ENCARNA.—*(Humilde.)* ¿La vuelvo a escribir?

VICENTE.—[Déjala para] mañana. ¿Terminaste la novela de Beltrán?

ENCARNA.—Te la dejé aquí.

(Va al archivador y recoge un libreto que hay encima, llevándoselo.)

VICENTE.—*(Lo hojea.)* Te habrá parecido... espléndida.

ENCARNA.—Sí... Con «ese».

[VICENTE.—Te has emocionado, has llorado...

ENCARNA.—Sí.]

VICENTE.—No me sorprende. Peca de ternurista.

ENCARNA.—Pero..., si te gustaba...

VICENTE.—[Y me gusta.] Él es de lo mejor que tenemos. Pero en esta última se ha excedido. *(Se sienta y guarda el libreto en un cajón de la mesa.)* La literatura es faena difícil, Encarnita. Hay que pintar la vida, pero sin su trivialidad. [Y la vida es trivial. ¡Afortunadamente!] *(Se dispone a tomar el rimero*[7] *de revistas.)* [Las postales, las revistas...] *(Toma el sobre.)* Esto ¿qué es?

ENCARNA.—Pruebas para tu hermano.

VICENTE.—¡Ah, sí! Espera un minuto. Quiero repasar uno de los artículos del próximo número. *(Saca las prue-*

---

[7]   *rimero:* «Montón de cosas puestas unas sobre otras.»

bas.) [Aquí está.] *(ENCARNA se sienta en su silla.)* Sí, Encarnita. La literatura es difícil. Beltrán, por ejemplo, escribe a menudo: «Fulana piensa esto, o lo otro...» Un recurso muy gastado [8]. *(Por la prueba.)* Pero este idiota lo elogia... Sólo puede justificarse cuando un personaje le pregunta a otro: «¿En qué piensas?»... *(Ella lo mira, cavilosa [9]. Él se concentra en la lectura. Ella deja de mirarlo y se abstrae. El primer término se iluminó poco a poco. Entra por la derecha una golfa, cruza y se acerca al velador del cafetín. Tiene el inequívoco aspecto de una prostituta barata y ronda ya los cuarenta años. Se sienta al velador, saca de su bolso una cajetilla y extrae un pitillo. Un camarero flaco y entrado en años aparece por el lateral izquierdo y, con gesto cansado, deniega con la cabeza y con un dedo, indicando a la esquinera [10] que se vaya. Ella lo mira con zumba y extiende las manos hacia la mesa, como si dijese: «¡Quiero tomar algo!» El CAMARERO vuelve a denegar y torna a indicar, calmoso, que se vaya. Ella suspira, guarda el pitillo que no encendió y se levanta. Cruza luego hacia la derecha, se detiene y, aburrida, se recuesta en la desconchada pared. VICENTE levanta la vista y mira a ENCARNA.)* Y tú, ¿en qué piensas? *(Abstraída, ENCARNA no responde.)* ¿Eh?... *(ENCARNA no le oye. Con risueña curiosidad, VICENTE enciende un cigarrillo sin dejar de observarla. Con un mudo «¡Hale!» y un ademán más enérgico, el CAMARERO conmi-*

---

[8]   Vicente hace referencia a la novela de tipo tradicional, que suele emplear un narrador omnisciente, que conoce y transcribe los pensamientos de los personajes. Su propuesta inmediata alude a la preferencia por un narrador objetivo y externo, que sólo cuenta lo que los personajes hacen y dicen, típico de la novela conductista y objetivista. En España, este último procedimiento era propuesto como propio de nuestro tiempo por José María Castellet en *La hora del lector,* Barcelona, 1957, y por Juan Goytisolo en *Problemas de la novela,* Barcelona, 1959, ambos a la zaga de las ideas expuestas por Claude-Edmonde Magny en *L'âge du roman américain,* París, 1947. Sus tesis influyeron en muchas novelas de temática social, aunque esta técnica estaba haciendo crisis precisamente en los años en que se estrena *El tragaluz.*

[9]   *cavilosa:* pensativa, preocupada.

[10]   *esquinera:* prostituta callejera.

*na a la prostituta a que se aleje. Con un mudo «¡Ah!» de
desprecio, sale ella por el lateral derecho. El* CAMARERO
*pasa el paño por el velador y sale por el lateral izquierdo.
La luz del primer término se amortigua un tanto. Irónico,*
VICENTE *interpela a* ENCARNA.*)* ¿En qué piensas..., Fulana? [11]

ENCARNA.—*(Se sobresalta.)* ¿Fulana?

VICENTE.—Ahora sí eras un personaje de novela. Algo pensabas.

ENCARNA.—Nada...

VICENTE.—¿Cenamos juntos?

(Vuelve a leer en la prueba.)

ENCARNA.—Ya sabes que los jueves y viernes ceno con esa amiga de mi pueblo.

VICENTE.—Cierto. Hoy es jueves. Recuérdame mañana que llame a Moreno. Urge pedirle un artículo para el próximo número.

[ENCARNA.—¿No estaba ya completo?

VICENTE.]—Éste no sirve.

(Separa la prueba que leía y se la guarda.)

ENCARNA.—*(Mientras cubre la máquina.)* ¿Cuál es?

VICENTE.—El de Torres.

ENCARNA.—¿Sobre Eugenio Beltrán?

VICENTE.—Sí. *(Se levanta.)* ¿Te acerco?

ENCARNA.—No. ¿Vas a casa de tus padres?

VICENTE.—Con toda esta broza [12]. *(Golpea sobre el mon-*

---

[11]   Ricardo Doménech ha explicado bien en su edición cómo las últimas palabras de Vicente enlazan con el ejemplo que exponía antes acerca de la novela de Beltrán: «"Fulana piensa esto, o lo otro..."», que a su juicio deberían ser sustituidas por la pregunta de un personaje: «"¿En qué piensas?"...»; a la vez, ello permite subrayar las preocupaciones de la abstraída Encarna.

[12]   *broza:* «Desecho o desperdicio de alguna cosa.»

tón de revistas y toma, risueño, las postales.) Esta postal le gustará a mi padre. Se ve a la gente andando por la calle y eso le encanta. *(Examina las postales. El cuarto de estar se iluminó poco a poco con luz diurna. Los movimientos de sus ocupantes se han normalizado.* EL PADRE, *sentado a la mesa, recorta algo de una vieja revista. Es un anciano de blancos cabellos que representa más de setenta y cinco años. Su hijo* MARIO, *de unos treinta y cinco años, corrige pruebas. Ambos visten con desaliño y pobreza.* EL PADRE, *un traje muy usado y una vieja bata; el hijo, pantalones oscuros y jersey.* VICENTE *se recuesta en el borde de la mesa.)* [Debería ir más a menudo a visitarlos, pero estoy tan ocupado... Ellos, en cambio, tienen poco que hacer. No han sabido salir de aquel pozo...] Menos mal que el viejo se ha vuelto divertido. *(Ríe, mientras mira las postales.)* ¿Te conté lo del cura?

ENCARNA.—No.

VICENTE.—Se encontró un día con el cura de la parroquia, que iba acompañado de una feligresa. Y le pregunta mi padre, muy cumplido: ¿Esta mujer es su señora? *(Ríen.)* Iba con el señor Anselmo, que le da mucha compañía, pero que nunca le discute nada.

ENCARNA.—Pero... ¿está loco?

VICENTE.—No es locura, es vejez. [Una cosa muy corriente:] arterioesclerosis. Ahora estará más sujeto en casa: les regalé la televisión el mes pasado. *(Ríe.)* [Habrá que oír las cosas que dirá el viejo.] *(Tira una postal sobre la mesa.)* Esta postal no le gustará. No se ve gente.

(Se abstrae. Se oye el ruido de un tren remoto, que arranca, pita y gana rápidamente velocidad. Su fragor crece y suena con fuerza durante unos segundos [13]*. Cuando se amortigua,* EL

---

[13] «Oiréis, pues, un tren; o sea un pensamiento», han dicho los investigadores al principio. El sonido revela aquí el escondido recuerdo de Vicente, pero a la vez, en forma similar a lo que en el cine es el

PADRE *habla en el cuarto de estar. Poco después se extingue el ruido en una ilusoria lejanía.)*

EL PADRE.—*(Exhibe un monigote que acaba de recortar.)* Éste también puede subir.

*(*MARIO *interrumpe su trabajo y lo mira.)*

MARIO.—¿Adónde?
EL PADRE.—Al tren.
MARIO.—¿A qué tren?
EL PADRE.—*(Señala al frente.)* A ése.
MARIO.—Eso es un tragaluz.
EL PADRE.—Tú qué sabes...

(Hojea la revista.)

ENCARNA.—*(Desconcertada por el silencio de* VICENTE.*)* ¿No nos vamos?

(Abstraído, VICENTE *no contesta. Ella lo mira con curiosidad.)*

MARIO.—*(Que no ha dejado de mirar a su padre.)* Hoy vendrá Vicente.
EL PADRE.—¿Qué Vicente?
MARIO.—¿No tiene usted un hijo que se llama Vicente? [14]

---

fundido sonoro, funciona como engarce con la escena siguiente, en la que El padre comienza hablando precisamente del tren.

[14] Tanto Mario como Vicente tratan a su padre de «usted», fórmula de respeto que comenzaba ya a ser poco frecuente en los medios urbanos por los años en que se educaron ambos personajes (Mario nació en 1929 y su hermano es un poco mayor); en cambio, de acuerdo con la práctica habitual en muchas familias, en las que se intimaba más con la madre, ambos le hablan de «tú», pero la llaman «madre», sin emplear el «mamá» generalizado luego.

EL PADRE.—Sí. El mayor. No sé si vive.

MARIO.—Viene todos los meses.

EL PADRE.—Y tú, ¿quién eres?

MARIO.—Mario.

EL PADRE.—¿Tú te llamas como mi hijo?

MARIO.—Soy su hijo.

EL PADRE.—Mario era más pequeño.

MARIO.—He crecido.

EL PADRE.—Entonces subirás mejor.

MARIO.—¿Adónde?

EL PADRE.—Al tren.

> *(Comienza a recortar otra figura.* MARIO *lo mira, intrigado, y luego vuelve a su trabajo.)*

VICENTE.—*(Reacciona y coge el mazo de revistas.)* ¿Nos vamos?

ENCARNA.—Eso te preguntaba.

VICENTE.—*(Ríe.)* Y yo estaba pensando en las Batuecas, como cualquier personaje de Beltrán. *(Mete en su cartera las revistas, las postales y el sobre.* ENCARNA *recoge su bolso y va a la mesa, de donde toma la postal abandonada.* VICENTE *va a la puerta, se vuelve y la mira.)* ¿Vamos?

ENCARNA.—*(Mirando la postal.)* Me gustaría conocer a tus padres.

VICENTE.—*(Frío.)* Ya me lo has dicho otras veces.

ENCARNA.—No te estoy proponiendo nada. Puede que no vuelva a decírtelo. *(Con dificultad.)* Pero... si tuviésemos un hijo, ¿lo protegerías?

VICENTE.—*(Se acerca a ella con ojos duros.)* ¿Vamos a tenerlo?

ENCARNA.—*(Desvía la mirada.)* No.

VICENTE.—*(Le vuelve la cabeza y la mira a los ojos.)* ¿No?

ENCARNA.—*(Quiere ser persuasiva.)* ¡No!...

VICENTE.—Descuidarse ahora sería una estupidez mayúscula...

[ENCARNA.—Pero si naciera, ¿lo protegerías?

VICENTE.—Te conozco, pequeña, y sé a dónde apuntas.]

ENCARNA.—¡Aunque no nos casásemos! ¿Lo protegerías?

VICENTE.—*(Seco.)* Si no vamos a tenerlo es inútil la pregunta. Vámonos.

(Vuelve a la puerta.)

ENCARNA.—*(Suspira y comenta, anodina.)* Pensé que a tu padre le gustaría esta postal. Es un tren muy curioso, como los de hace treinta años.

VICENTE.—No se ve gente.

> *(ENCARNA deja la postal y sale por el fondo seguida de VICENTE, que cierra. Vuelve el ruido del tren. La luz se extingue en la oficina. MARIO interrumpió su trabajo y miraba fijamente a su padre, que ahora alza la vista y lo mira a su vez. El ruido del tren se apaga. EL PADRE se levanta y lleva sus dos monigotes de papel a la cómoda del fondo.)*

EL PADRE.—*(Musita, mientras abre un cajón.)* Éstos tienen que aguardar en la sala de espera. *(Deja los monigotes y revuelve el contenido del cajón, sacando un par de postales.)* Recortaré a esta linda señorita. *(Canturrea, mientras vuelve a la mesa.)*

> La Rosenda está estupenda.
> La Vicenta está opulenta...

(Se sienta y se dispone a recortar.)

MARIO.—[¿Por qué la recorta?] ¿No está mejor en la postal?

EL PADRE.—*(Sin mirarlo.)* Sólo cuando hay mucha gente. Si los recortas entonces, los partes, [porque se tapan unos a otros.] Pero yo tengo que velar por todos y al que puedo, lo salvo.

MARIO.—¿De qué?

EL PADRE.—De la postal. *(Recorta. Se abre la puerta de la casa y entra* LA MADRE *con un paquete. Es una mujer agradable y de aire animoso. Aparenta unos sesenta y cinco años.* EL PADRE *se interrumpe.)* ¿Quién anda en la puerta?

MARIO.—Es madre.

*(*LA MADRE *entra en la cocina.)*

EL PADRE.—*(Vuelve a recortar y canturrea.)*

La Pepica está muy rica...

MARIO.—Padre.

EL PADRE.—*(Lo mira.)* ¿Eh?

MARIO.—¿De qué tren habla? ¿De qué sala de espera? Nunca ha hablado de ningún tren...

EL PADRE.—De ése.

(Señala al frente.)

MARIO.—No hay ningún tren ahí.

EL PADRE.—Es usted un bobo, señorito. ¿No ve la ventanilla?

(El hijo lo mira y vuelve a su trabajo. LA MADRE *sale de la cocina con el paquete y entra en el cuarto de estar.)*

LA MADRE.—Ya he puesto a calentar la leche; Vicente no tardará.

(Va a la cómoda y abre el paquete.)

EL PADRE.—*(Se levanta y se inclina.)* Señora...

LA MADRE.—*(Se inclina, burlona.)* Caballero...

EL PADRE.—[Sírvase considerarse] como en su propia casa.

LA MADRE.—*(Contiene la risa.)* Muy amable, caballero.

EL PADRE.—Con su permiso, seguiré trabajando.

LA MADRE.—Usted lo tiene. *(Vuelven a saludarse.* EL PADRE *se sienta y recorta.* MARIO, *que no se ha reído, enciende un cigarrillo.)* Las ensaimadas ya no son como las de antes, pero a tu hermano le siguen gustando. Si quisiera quedarse a cenar...

[MARIO.—No lo hará.

LA MADRE.—Está muy ocupado. Bastante hace ahora con venir él a traernos el sobre cada mes.]

> *(Ha ido poniendo las ensaimadas en una bandeja.)*

MARIO.—[Habrán despedido al botones. *(Ella lo mira, molesta.)*] ¿Sabes que ya tiene coche?

LA MADRE.—*(Alegre.)* ¿Sí? ¿Se lo has visto?

MARIO.—Me lo han dicho.

LA MADRE.—¿Es grande?

MARIO.—No lo sé.

LA MADRE.—¡A lo mejor lo trae hoy!

MARIO.—No creo que llegue con él hasta aquí.

LA MADRE.—Tienes razón. Es delicado. *(*MARIO *la mira con leve sorpresa y vuelve a su trabajo. Ella se le acerca y baja la voz.)* Oye... ¿Le dirás tú lo que hizo tu padre?

MARIO.—Quizá no pregunte.

LA MADRE.—Notará la falta.

MARIO.—Si la nota, se lo diré.

EL PADRE.—*(Se levanta y va hacia la cómoda.)* La linda señorita ya está lista. Pero no sé quién es.

LA MADRE.—*(Ríe.)* Pues una linda señorita. ¿No te basta?

EL PADRE.—*(Súbitamente irritado.)* ¡No, no basta!

> *(Y abre el cajón bruscamente para dejar el muñeco.)*

LA MADRE.—*(A media voz.)* Lleva unos días imposible.

EL PADRE.—¡Caramba! ¡Pasteles!

(Va a tomar una ensaimada.)

LA MADRE.—¡Déjalas hasta que venga Vicente!

EL PADRE.—¡Si Vicente soy yo!

LA MADRE.—Ya comerás luego. *(Lo aparta.)* [Anda], vuelve a tus postales, que eres como un niño.

EL PADRE.—*(Se resiste.)* Espera...

LA MADRE.—¡Anda, te digo!

EL PADRE.—Quiero darte un beso.

LA MADRE.—*(Ríe.)* ¡Huy! ¡Mira por dónde sale ahora el vejestorio!

EL PADRE.—*(Le toma la cara.)* Beso...

LA MADRE.—*(Muerta de risa.)* ¡Quita, baboso!

EL PADRE.—¡Bonita!

(La besa.)

LA MADRE.—¡Asqueroso! ¿No te da vergüenza, a tus años?

(Lo aparta, pero él reclina la cabeza sobre el pecho de ella, que mira a su hijo con un gesto de impotencia.)

EL PADRE.—Cántame la canción, bonita...

LA MADRE.—¿Qué canción? ¿Cuándo te he cantado yo a ti nada?

EL PADRE.—De pequeño.

LA MADRE.—Sería tu madre. *(Lo empuja.)* ¡Y aparta, que me ahogas!

EL PADRE.—¿No eres tú mi madre?

LA MADRE.—*(Ríe.)* [Sí, hijo. A la fuerza.] Anda, siéntate y recorta.

EL PADRE.—*(Dócil.)* Bueno.

(Se sienta y husmea en sus revistas.)

LA MADRE.—¡Y cuidado con las tijeras, que hacen pupa! [15]

EL PADRE.—Sí, mamá.

> *(Arranca una hoja y se dispone a recortar.)*

LA MADRE.—¡Hum!... Mamá. Puede que dentro de un minuto sea la Infanta Isabel. *(Suena el timbre de la casa.)* ¡Vicente!

> *(Corre al fondo.* MARIO *se levanta y se acerca a su padre.)*

MARIO.—Es Vicente, padre. *(*EL PADRE *no le atiende.* LA MADRE *abre la puerta y se arroja en brazos de su hijo.)* Vicentito.

> *(*MARIO *se incorpora y aguarda junto al sillón de su padre.)*

LA MADRE.—¡Vicente! ¡Hijo!

VICENTE.—Hola, madre.

> *(Se besan.)*

LA MADRE.—*(Cierra la puerta y vuelve a abrazar a su hijo.)* ¡Vicentito!

VICENTE.—*(Riendo.)* ¡Vamos, madre! ¡Ni que volviese de la Luna!

LA MADRE.—Es que no me acostumbro a no verte todos los días, hijo.

> *(Le toma del brazo y entran los dos en el cuarto de estar.)*

---

[15]   La observación, trivial en principio, pues El padre es como un niño pequeño al que hay que recordarle las cosas más obvias, sirve para ir llamando la atención del espectador sobre un instrumento que tendrá una función tan importante al final.

VICENTE.—¡Hola, Mario!
MARIO.—¿Qué hay?

(Se palmean, familiares.)

LA MADRE.—*(Al* PADRE.*)* ¡Mira quién ha venido!
VICENTE.—¿Qué tal le va, padre?
EL PADRE.—¿Por qué me llama padre? No soy cura.
VICENTE.—*(Ríe a carcajadas.)* ¡Ya veo que sigue sin novedad! Pues ha de saber que le he traído cosas muy lindas. *(Abre la cartera.)* Revistas y postales.

(Se las pone en la mesa.)

EL PADRE.—Muy amable, caballero. Empezaba a quedarme sin gente y no es bueno estar solo.

(Hojea una revista.)

VICENTE.—*(Risueño.)* ¡Pues ya tiene compañía! *(Se acerca a la cómoda.)* ¡Caramba! ¡Ensaimadas!
LA MADRE.—*(Feliz.)* Ahora mismo traigo el café. ¿Te quedas a cenar?
VICENTE.—¡Ni dos minutos! Tengo mil cosas que hacer.

(Se sienta en el sofá.)

LA MADRE.—*(Decepcionada.)* ¿Hoy tampoco?
VICENTE.—De veras que lo siento, madre.
LA MADRE.—[Si, al menos, vinieses más a menudo...
VICENTE.—Ahora vengo todos los meses.
LA MADRE.—Sí, claro.] Voy por el café.

(Inicia la marcha.)

VICENTE.—*(Se levanta y saca un sobre azul.)* Toma, antes de que se me olvide.
LA MADRE.—Gracias, hijo. Viene a tiempo, ¿sabes? Mañana hay que pagar el plazo de la lavadora.

VICENTE.—Pues ve encargando la nevera.

LA MADRE.—¡No! Eso, todavía...

VICENTE.—¡Si no hay problema! Me tenéis a mí. *(LA MADRE lo mira, conmovida. De pronto le da otro beso y corre rápida a refugiarse en la cocina.)* A ti te he traído pruebas.

> *(Saca el sobre de su cartera. MARIO lo toma en silencio y va a dejarlo en su mesita. Entretanto EL PADRE se ha levantado y los mira, caviloso. Da unos pasos y señala a la mesa.)*

EL PADRE.—¿Quién es ése?

VICENTE.—¿Cómo?

EL PADRE.—Ése... que lleva un hongo.

VICENTE.—¿Qué dice?

> *(MARIO ha comprendido. EL PADRE tira de él, lo lleva a la mesa y pone el dedo sobre una postal.)*

EL PADRE.—Aquí.

VICENTE.—*(Se acerca.)* Es la plaza de la Ópera, en París. Todos llevan hongo; es una foto antigua.

EL PADRE.—Éste.

VICENTE.—[¡Si apenas se ve!] Uno que pasó entonces, [como todos éstos]. Uno cualquiera.

EL PADRE.—*(Enérgico.)* ¡No!

[VICENTE.—¿Cómo quiere que sepamos quién es? ¡No es nadie!

EL PADRE.—¡Sí!]

MARIO.—*(Suave.)* Ya habrá muerto.

EL PADRE.—*(Lo mira asustado.)* ¿Qué dices?

> *(Busca entre las revistas y toma una lupa.)*

VICENTE.—¿Una lupa?

MARIO.—Tuve que comprársela. No es la primera vez que hace esa pregunta.

(EL PADRE se ha sentado y está mirando la postal con la lupa.)

VICENTE.—*(A media voz.)* ¿Empeora?

MARIO.—No sé.

EL PADRE.—No está muerto. Y esta mujer que cruza, ¿quién es? *(Los mira.)* Claro. Vosotros no lo sabéis. Yo, sí.

VICENTE.—¿Sí? ¿Y el señor del hongo?

EL PADRE.—*(Grave.)* También.

VICENTE.—Y si lo sabía, ¿por qué nos lo pregunta?

EL PADRE.—Para probaros.

VICENTE.—*(Le vuelve la espalda y contiene la risa.)* Se cree Dios...[16]

(EL PADRE lo mira un segundo y se concentra en la postal. MARIO esboza un leve gesto de aquiescencia. LA MADRE sale de la cocina con una bandeja repleta de tazones.)

LA MADRE.—*(Mientras avanza por el pasillo.)* ¿Cuándo te vas a casar, Vicente?

EL PADRE.—*(Mirando su postal.)* Ya me casé una vez.

LA MADRE.—*(Mientras el hijo mayor ríe.)* Claro. Y yo otra. *(EL PADRE la mira.)* ¡No te hablo a ti, tonto! *(Deposita la bandeja y va poniendo tazones sobre la mesa.)* ¡Y deja ya tus muñecos, que hay que merendar! Toma. Para ti una pizca, que la leche te perjudica. *(Le pone un tazón delante. Le quita la lupa y la postal. Él la mira, pero no se opone. Ella recoge postales y revistas, y las lleva a la cómoda.)* Siéntate, hijo. *(VICENTE se sienta a la mesa.)* Y yo junto al niño, porque si no se pone perdido. *(Lleva las ensaimadas a la mesa.)* ¡Coge una ensaimada, hijo!

---

[16] La afirmación de Vicente subraya algo que ya ha sido insinuado un poco antes por El padre mismo («yo tengo que velar por todos y al que puedo, lo salvo») y da pie a una línea de interpretación del personaje como figura divina (véase, por ejemplo, el artículo de Kronik), que se ve reforzada por la aplicación final del castigo al culpable.

VICENTE.—Gracias.

> *(Toma una ensaimada y empieza a merendar.*
> MARIO *toma otra.)*

LA MADRE.—*(Sentada junto a su marido, le da una en-*
saimada.) ¡Toma! ¿No querías una? *(EL PADRE la toma.)*
¡Moja! *(EL PADRE la moja.)* No me has contestado, hijo.
¿No te gusta alguna chica?

VICENTE.—Demasiadas.

LA MADRE.—¡Asqueroso!

EL PADRE.—¿Por dónde como esto?

LA MADRE.—¡Muerde por donde has mojado!

[EL PADRE.—¿Con qué lo muerdo?

LA MADRE.—¡Con la boca!] *(EL PADRE se lleva la ensai-*
mada a los ojos.) ¡La boca, la boca! No hay quien pueda
contigo. *(Le quita la ensaimada y se la va dando como a*
un niño, tocándole los labios a cada bocado para que los
abra.) ¡Toma!

VICENTE.—¿Así está?

MARIO.—Unas veces lo sabe y otras se le olvida.

LA MADRE.—Toma otra, Vicente.

EL PADRE.—¿Tú te llamas Vicente?

VICENTE.—Sí.

EL PADRE.—¡Qué casualidad! Tocayo mío.

> *(*VICENTE *ríe.)*

LA MADRE.—*(Al* PADRE.*)* Tú come y calla.

> *(Le brinda otro bocado.)*

EL PADRE.—No quiero más. ¿Quién va a pagar la cuenta?

LA MADRE.—*(Mientras* VICENTE *ríe de nuevo.)* Ya está
pagada. Y toma...

EL PADRE.—*(Rechaza el bocado y se levanta, irritado.)*
[¡No quiero más!] ¡Me voy a mi casa!

LA MADRE.—*(Se levanta e intenta retenerlo.)* ¡Si estás en tu casa!

EL PADRE.—¡Esto es un restaurante!

(Intenta apartar a su mujer. VICENTE *se levanta.)*

LA MADRE.—Escucha...

EL PADRE.—¡Tengo que volver con mis padres!

(Va hacia el fondo.)

LA MADRE.—*(Tras él, le dice a* VICENTE.*)* Disculpa, hijo. No se le puede dejar solo.

EL PADRE.—*(En el pasillo.)* ¿Dónde está la puerta?

(Abre la de su dormitorio y se mete. LA MADRE *entra tras él, cerrando.* VICENTE *da unos pasos hacia el pasillo y luego se vuelve hacia su hermano, que no se ha levantado.)*

VICENTE.—Antes no se enfadaba tanto...

MARIO.—*(Trivial.)* Se le pasa pronto. *(Apura su tazón y se limpia la boca.)* ¿Qué tal va tu coche?

VICENTE.—¡Ah! ¿Ya lo sabes? Es poca cosa, aunque parece algo. Pero en estos tiempos resulta imprescindible...

MARIO.—*(Muy serio.)* Claro. El desarrollo económico.

VICENTE.—Eso. *(Se acerca.)* Y a ti, ¿qué tal te va?

MARIO.—También prospero. Ahora me han encargado la corrección de estilo de varios libros.

VICENTE.—¿Tienes novia?

MARIO.—No.

*(*ENCARNA *entra por el primer término izquierdo.* VICENTE *toma otra ensaimada y, mientras la muerde, vuelve al pasillo y escucha.* ENCARNA *consulta su reloj y se sienta al velador del*

cafetín, mirando hacia la derecha como si espe-
rase a alguien.)

VICENTE.—Parece que está más tranquilo.

MARIO.—Ya te lo dije.

VICENTE.—*(Mira su reloj, vuelve al cuarto y cierra su*
cartera.) Se me ha hecho tarde... *(El* CAMARERO *entra por*
la izquierda. ENCARNA *y él cambian en voz baja algu-*
nas palabras. El CAMARERO *se retira.)* Tendré que despe-
dirme...

*(*VICENTE *inicia la marcha hacia el pasillo.)*

MARIO.—¿Cómo encuentras a nuestro padre?

VICENTE.—*(Se vuelve, sonriente.)* Muy divertido. [Lo del
restaurante ha tenido gracia...] *(Se acerca.)* ¿No se le ha
ocurrido ninguna broma con la televisión?

MARIO.—Verás...

*(*VICENTE *mira a todos lados.)*

VICENTE.—¿Dónde la habéis puesto? La instalaron
aquí...

*(*ENCARNA *consulta la hora, saca un libro de*
su bolso y se pone a leer.)

MARIO.—¿Has visto cómo se ha irritado?

[VICENTE.—¿Qué quieres decir?

MARIO].—Últimamente se irrita con frecuencia...

VICENTE.—¿Sí?

MARIO.—Los primeros días [no dijo nada.] Se sentaba
ante el aparato y de vez en cuando miraba a nuestra
madre, que comentaba todos los programas contentísima,
figúrate. A veces él parecía inquieto y se iba a su cuarto
sin decir palabra... Una noche transmitieron *El misterio de*
Elche y aquello pareció interesarle. A la mitad lo interrum-

pieron bruscamente para trufarlo [17] con todos esos anuncios de lavadoras, bebidas, detergentes... Cuando nos quisimos dar cuenta se había levantado y destrozaba a silletazos el aparato.

VICENTE.—¿Qué?

MARIO.—Hubo una explosión tremenda. A él no le pasó nada, pero el aparato quedó hecho añicos... [Nuestra madre no se atrevía a decírtelo.]

(Un silencio. El CAMARERO vuelve al velador y sirve a ENCARNA un café con leche.)

VICENTE.—(Pensativo.) Él no era muy creyente...

MARIO.—No.

(Un silencio. ENCARNA echa dos terrones, bebe un sorbo y vuelve a su lectura.)

VICENTE.—(Reacciona.) Al fin y al cabo, no sabe lo que hace.

MARIO.—Reconocerás que lo que hizo tiene sentido.

VICENTE.—Lo tendría en otra persona, no en él.

MARIO.—¿Por qué no en él?

[VICENTE.—Sufre una esclerosis avanzada; algo fisiológico. Sus reacciones son disparatadas, y no pueden ser otra cosa.

MARIO.—A veces parecen otra cosa. (Movimiento de incredulidad de VICENTE.)] Tú mismo has dicho que se creía Dios...

VICENTE.—¡Bromeaba!

MARIO.—Tú no le observas tanto como yo.

VICENTE.—¿También tú vas a desquiciarte, Mario? ¡Es una esclerosis senil!

MARIO.—No tan senil.

VICENTE.—No te entiendo.

---

[17]   *trufar:* introducir algo para hacer una mezcla.

MARIO.—El médico habló últimamente de un posible factor desencadenante...

VICENTE.—Eso es nuevo... ¿Qué factor?

MARIO.—No sé... Por su buen estado general, le extrañó lo avanzado del proceso. Nuestro padre tiene ahora setenta y seis años, y ya hace cuatro que está así...

VICENTE.—A otros les pasa con menos edad.

MARIO.—Es que a él le sucedió por primera vez mucho antes.

[VICENTE.—¿Cómo?

MARIO.—El médico nos preguntó y entonces yo recordé algo... Pasó poco después de terminar] tú [el servicio militar, cuando] ya te habías ido de casa.

VICENTE.—¿Qué sucedió?

MARIO.—Se levantó una noche y anduvo por aquí diciendo incoherencias... Y sólo tenía cincuenta y siete años. Madre dormía, pero yo estaba desvelado [18].

VICENTE.—Nunca lo dijiste.

MARIO.—Como no volvió a suceder en tantos años, lo había olvidado.

(Un silencio.)

VICENTE.—*(Pasea.)* [Quizás algo hereditario; quién sabe.] De todos modos, no encuentro que sus reacciones signifiquen nada... Es como un niño que dice bobadas.

MARIO.—No sé... Ahora ha inventado nuevas manías... Ya has visto una de ellas: preguntar quién es cualquier hombrecillo de cualquier postal.

---

[18]   Se produce aquí una primera recuperación del pasado, que en este caso nos sitúa diecinueve años atrás. Toda la obra girará cada vez con mayor insistencia sobre el motivo de recobrar —y aceptar— lo sucedido en el pasado, que se irá desvelando poco a poco, pero que todos han tenido siempre presente. Nótese cómo al momento Vicente se inmuta cuando su hermano le menciona un tren.

(Se levanta y va al frente, situándose ante el invisible tragaluz.)

VICENTE.—*(Ríe.)* Según él, para probarnos. Es gracioso.

MARIO.—Sí. Es curioso. ¿Te acuerdas de nuestro juego de muchachos?

VICENTE.—¿Qué juego?

MARIO.—Abríamos este tragaluz para mirar las piernas que pasaban y para imaginar cómo eran las personas.

VICENTE.—*(Riendo.)* ¡El juego de las adivinanzas! Ni me acordaba.

MARIO.—Desde que rompió la televisión le gusta que se lo abramos y ver pasar la gente... [Es casi como entonces, porque yo le acompaño.]

VICENTE.—*(Paseando.)* Como un cine.

MARIO.—*(Sin volverse.)* Él lo llama de otro modo. Hoy ha dicho que es un tren.

*(*VICENTE *se detiene en seco y lo mira. Breve silencio.* LA MADRE *sale del dormitorio y vuelve al cuarto de estar.)*

LA MADRE.—Perdona, hijo. Ahora ya está tranquilo.

VICENTE.—Me voy ya, madre.

LA MADRE.—¿Tan pronto?

VICENTE.—¡Tan tarde! Llevo retraso.

MARIO.—*(Que se volvió al oír a su madre.)* Yo también salgo.

VICENTE.—¿Te acerco a algún lado?

MARIO.—Te acompaño hasta la esquina solamente. [Voy cerca de aquí.]

LA MADRE.—También a mí me gustaría, por ver tu coche, que todo se sabe... [¿Lo has dejado en la esquina?]

VICENTE.—[Sí.] No es gran cosa.

LA MADRE.—Eso dirás tú. Otro día páralo aquí delante. No seas tan mirado... Pocas ensaimadas te has comido...

VICENTE.—Otro día me tomaré la bandeja entera. *(Señala al pasillo.)* ¿Me despido de él?

LA MADRE.—Déjalo, no vaya a querer irse otra vez. *(Ríe.)* ¿Sabes por dónde se empeñaba en salir de casa? ¡Por el armario!

VICENTE.—*(Riendo, a su hermano.)* ¿No te lo dije? ¡Igual que un niño!

> *(Recoge su cartera y se encamina a la salida.* MARIO *recoge de la mesita su cajetilla y va tras ellos.)*

LA MADRE.—¡Que vuelvas pronto, hijo!

VICENTE.—*(En el pasillo.)* ¡Prometido!

> *(*VICENTE *abre la puerta de la casa, barbillea [19] a su madre con afecto y sale.)*

MARIO.—*(Sale tras él.)* Hasta luego, madre.

LA MADRE.—*(Desde el quicio.)* Adiós...

> *(Cierra con un suspiro, vuelve al cuarto de estar y va recogiendo los restos de la merienda, para desaparecer con ellos en la cocina. La luz se amortigua en el cuarto de estar; mientras* LA MADRE *termina sus paseos, la joven pareja de investigadores reaparece.* ENCARNA, *impaciente, consulta su reloj y bebe otro sorbo.)*

ÉL.—El fantasma de la persona a quien esperaba esta mujer tardará un minuto.

ELLA.—Lo aprovecharemos para comentar lo que habéis visto.

ÉL.—¿Habéis visto [solamente] realidades, o también pensamientos?

ELLA.—Sabéis todos que los detectores lograron hace

---

[19] *barbillear:* tomar la barbilla con la mano como gesto de cariño.

tiempo captar pensamientos que, al visualizarse intensamente, pudieron ser recogidos como imágenes. La presente experiencia parece ser uno de esos casos; pero algunas
de las escenas que habéis visto pudieron suceder realmente, aunque Encarna y Vicente las imaginasen al mismo
tiempo en su oficina. [Recordad que algunas de ellas con-
tinúan desarrollándose cuando los que parecían imaginarlas dejaron de pensar en ellas.

ÉL.—¿Dejaron de pensar en ellas? Lo ignoramos. Nunca podremos establecer, ni ellos podrían, hasta dónde
alcanzó su más honda actividad mental.

ELLA].—¿Las pensaron con tanta energía que nos parecen reales sin serlo?

ÉL.—¿Las percibieron cuando se desarrollaban, creyen-
do imaginarlas?

ELLA.—¿Dónde está la barrera entre las cosas y la
mente?

ÉL.—Estáis presenciando una experiencia de realidad
total: sucesos y pensamientos en mezcla inseparable.

ELLA.—Sucesos y pensamientos extinguidos hace siglos.

ÉL.—No del todo, puesto que los hemos descubierto.
(Por ENCARNA.*)* Mirad a ese fantasma. ¡Cuán vivo nos
parece!

ELLA.—*(Con el dedo en los labios.)* ¡Chist! Ya se proyecta la otra imagen. *(*MARIO *aparece tras ellos por la derecha
y avanza unos pasos mirando a* ENCARNA.*)* ¿No parece
realmente viva?

> *(La pareja sale. La luz del primer término cre-
> ce.* ENCARNA *levanta la vista y sonríe a* MA-
> RIO. MARIO *llega a su lado y se dan la mano.
> Sin desenlazarlas, se sienta él al lado de ella.)*

ENCARNA.—*(Con dulzura.)* Has tardado...
MARIO.—Mi hermano estuvo en casa.
ENCARNA.—Lo sé.

(Ella retira suavemente su mano. Él sonríe, turbado.)

MARIO.—Perdona.

ENCARNA.—¿Por qué hemos tardado tanto en conocernos? Las pocas veces que ibas por la Editora no mirabas a nadie y te marchabas en seguida... Apenas sabemos nada el uno del otro.

MARIO.—*(Venciendo la resistencia de ella, vuelve a tomarle la mano.)* Pero hemos quedado en contárnoslo.

ENCARNA.—Nunca se cuenta todo.

(El CAMARERO reaparece. Ella retira vivamente su mano.)

MARIO.—Cerveza, por favor. *(El CAMARERO asiente y se retira. MARIO sonríe, pero le tiembla la voz.)* Habrá pensado que somos novios.

ENCARNA.—Pero no lo somos.

MARIO.—*(La mira con curiosidad.)* Sólo confidentes..., por ahora. Cuéntame.

ENCARNA.—Si no hay otro remedio...

MARIO.—*(Le sonríe.)* No hay otro remedio.

ENCARNA.—Yo... soy de pueblo. Me quedé sin madre de muy niña. [Teníamos una tierruca muy pequeña;] mi padre se alquilaba de bracero cuando podía. Pero ya no había trabajo para nadie, [y cogimos cuatro cuartos por la tierra] y nos vinimos hace seis años.

MARIO.—Como tantos otros...

ENCARNA.—Mi padre siempre decía: tú saldrás adelante. Se colocó de albañil, y ni dormía por aceptar chapuzas. Y me compró una máquina, y un método, y libros... Y cuando me veía encendiendo la lumbre, o barriendo, o acarreando agua —porque vivíamos en las chabolas—, me decía: «Yo lo haré. Tú, estudia.» Y quería que me vistiese lo mejor posible, y que leyese mucho, y que...

(Se le quiebra la voz.)

MARIO.—Y lo consiguió.

ENCARNA.—Pero se mató. Iba a las obras cansado, medio dormido, y se cayó hace tres años del andamio. *(Calla un momento.)* Y yo me quedé sola. ¡Y tan asustada! Un año entero buscando trabajo, [haciendo copias,] de pensión en pensión... ¡Pero entonces supe defenderme, te lo aseguro!... *(A media voz.)* Hasta que entré en la Editora.

(Lo mira a hurtadillas.)

MARIO.—No sólo has sabido defenderte. Has sabido luchar limpiamente, y formarte... Puedes estar orgullosa.

ENCARNA.—*(De pronto, seca.)* No quisiera seguir hablando de esto [20].

(Él la mira, intrigado. El CAMARERO vuelve con una caña de cerveza, la deposita ante MARIO y va a retirarse.)

MARIO.—Cobre todo.

(Le tiende un billete. El CAMARERO le da las vueltas y se retira. MARIO bebe un sorbo.)

ENCARNA.—Y tú, ¿por qué no has estudiado? [Los dos hermanos sois muy cultos, pero tú... podrías haber hecho tantas cosas...]

MARIO.—*(Con ironía.)* [¿Cultos? Mi hermano aún pudo aprobar parte del bachillerato; yo, ni empezarlo.] La guerra civil terminó cuando yo tenía diez años. Mi padre estaba empleado en un Ministerio y lo depuraron... Cuando volvimos a Madrid hubo que meterse en el primer rincón que encontramos: en ese sótano... de donde ya no hemos salido. Y años después, cuando pudo pedir el rein-

---

[20]   El resumen de la historia de Encarna, concentrada en estas intervenciones, revela que también ella oculta algo (su relación con Vicente), con lo que su caso se suma al motivo central de la obra.

greso, mi padre ya no quiso hacerlo. Yo seguí leyendo y leyendo, pero... hubo que sacar adelante la casa.

ENCARNA.—¿Y tu hermano?

MARIO.—*(Frío.)* Estuvo con nosotros hasta que lo llamaron a filas. Luego decidió vivir por su cuenta.

[ENCARNA.—Ahora os ayuda...

MARIO.—Sí.

(Bebe.)]

ENCARNA.—Podrías haber prosperado como él... Quizá entrando en la Editora...

MARIO.—*(Seco.)* No quiero entrar en la Editora.

ENCARNA.—Pero... hay que vivir...

MARIO.—Esa es nuestra miseria: que hay que vivir.

ENCARNA.—*(Asiente, después de un momento.)* Hoy mismo, por ejemplo...

MARIO.—¿Qué?

ENCARNA.—No estoy segura... Ya sabes que ahora entra un grupo nuevo.

MARIO.—Sí.

ENCARNA.—Yo creo que a Beltrán no le editan la segunda novela [que entregó]. ¡Y es buenísima! [¡La acabo de leer!] ¡Y a tu hermano también le gustaba!

MARIO.—*(Con vivo interés.)* ¿Qué ha pasado?

ENCARNA.—Tu hermano hablaba con Juan por teléfono y me hizo salir. Después dijo que, en esa novela, Beltrán se había equivocado. Y de las pruebas que te ha llevado hoy, quitó un artículo que hablaba bien de él.

MARIO.—El nuevo grupo está detrás de eso. Lo tienen sentenciado.

ENCARNA.—Alguna vez lo han elogiado.

MARIO.—Para probar su coartada... Y mi hermano, metido en esas bajezas. *(Reflexiona.)* Escucha, Encarna. Vas a vigilar y a decirme todo lo que averigües de esa maniobra. ¡Tenemos que ayudar a Beltrán!

ENCARNA.—Tú eres como él.

MARIO.—*(Incrédulo.)* ¿Como Beltrán?

ENCARNA.—Esa manera suya de no pedir nada, allí, donde he visto suplicar a todo el mundo...

MARIO.—Él sí ha salido adelante sin mancharse. Alguna vez sucede... *(Sonríe.)* Pero yo no tengo su talento. *(Grave.)* Ni quizá su bondad. Escucha lo que he soñado esta noche. Había un precipicio... Yo estaba en uno de los lados, sentado ante mis pruebas... Por la otra ladera corría un desconocido, con una cuerda atada a la cintura. Y la cuerda pasaba sobre el abismo, y llegaba hasta mi muñeca. Sin dejar de trabajar, yo daba tironcitos... y lo iba acercando al borde. Cuando corría ya junto al borde mismo, di un tirón repentino y lo despeñé.

(Un silencio.)

ENCARNA.—Tú eres el mejor hombre que he conocido. Por eso me lo has contado.

MARIO.—Te lo he contado porque quiero preguntarte algo. *(Se miran, turbados. Él se decide.)* ¿Quieres ser mi mujer? *(Ella desvía la vista.)* ¿Lo esperabas? *(Ella asiente. Él sonríe.)* Nunca ganaré gran cosa. Si me caso contigo haré un matrimonio ventajoso.

ENCARNA.—*(Triste.)* No bromees.

MARIO.—*(Grave.)* Encarna, soy un hombre quebrado. [Hundido, desde el final de nuestra guerra, en aquel pozo de mi casa.] Pero si tu tristeza y la mía se unen, tal vez logremos una extraña felicidad.

ENCARNA.—*(A punto de llorar.)* ¿De qué tristeza hablas?

MARIO.—No finjas.

ENCARNA.—¿Qué sabes tú?...

MARIO.—Nada. Pero lo sé. *(Ella lo mira, turbada.)* ¿Quieres venir ahora a casa de mis padres? *(Ella lo mira con alegría y angustia.)* Antes de que decidas, debes conocerlos.

ENCARNA.—Los conozco ya. Soy yo quien reúne para

tu padre revistas y postales... Cuanta más gente ve en ellas, más contento se pone, ¿verdad?

(Sonríe.)

MARIO.—*(Asiente, pensativo.)* Y a menudo pregunta: ¿Quién es éste?... ¿O éste?...

ENCARNA.—Tu hermano apartó hoy una postal porque en ella no se veía gente. Así voy aprendiendo cosas de tus padres.

MARIO.—¡También le gustan sin gente! ¿Era algún monumento?

ENCARNA.—No. Un tren antiguo [21]. *(MARIO se yergue, mirándola fijamente. Ella, sin mirarlo, continúa después de un momento.)* Mario, iremos a tu casa si quieres. ¡Pero no como novios!

MARIO.—*(Frío, distante.)* Déjame pensar. *(Ella lo mira, desconcertada. La ESQUINERA entra por la derecha y se detiene un momento, atisbando por todos lados la posible llegada de un cliente. ENCARNA se inmuta al verla. MARIO se levanta.)* ¿Vamos?

ENCARNA.—No como novios, Mario.

[MARIO.—¿Por qué no?

ENCARNA.—Puedes arrepentirte... O puede que me arrepienta yo.]

MARIO.—*(Frío.)* Te presentaré como amiga. *(ENCARNA llega a su lado. La prostituta sonríe con cansada ironía y cruza despacio. ENCARNA se coge del brazo de MARIO al verla acercarse. MARIO va a caminar, pero ella no se mueve.)* ¿Qué te pasa?

(La prostituta se aleja y sale, contoneándose, por la izquierda.)

---

[21]   Mario recibe una información importante, pues le permite sospechar si Vicente desechó la postal para evitar el recuerdo de la muerte de su hermana, que, por tanto, estaría pesando aún sobre su conciencia.

ENCARNA.—Tú no quieres jugar conmigo, ¿verdad?

MARIO.—*(Molesto.)* ¿A qué viene eso?

ENCARNA.—*(Baja la cabeza.)* Vamos.

> *(Salen por la derecha. El* CAMARERO *entró poco antes a recoger los servicios y pasa un paño por el velador mientras la luz se extingue. Los investigadores reaparecen por ambos laterales. Sendos focos los iluminan. El* CAMARERO *sale y ellos hablan.)*

ELLA.—La escena que vais a presenciar sucedió siete días después.

ÉL.—Imposible reconstruir lo sucedido en ellos. Los detectores soportaron campos radiantes muy intensos y sólo se recogían apariciones fragmentarias.

ELLA.—Los investigadores conocemos bien ese relampagueo de imágenes que, [si a veces proporciona inesperados hallazgos,] a muchos de nosotros les llevó a abandonar su labor, desalentados por tanta inmensidad...

ÉL.—Los aparatos espacializan las más extrañas visiones: luchas de pájaros, manos que saludan, [un gran reptil,] el incendio de una ciudad, hormigas sobre un cadáver, llanuras heladas...

ELLA.—Yo vi antropoides en marcha, y niños ateridos tras una alambrada...

ÉL.—Y vimos otras imágenes incomprensibles, de algún astro muy lejano o de civilizaciones ya olvidadas. Presencias innumerables cuya podre [22] forma hoy nuestros cuerpos y que hemos de devolver a la nada para no perder la historia que se busca y que acaso no sea tan valiosa.

ELLA.—La acción más oculta o insignificante puede ser descubierta un día. [Hoy descubrimos antiquísimos saberes visualizando a quienes leían, tal vez con desgana, los libros destruidos.] El misterioso espacio todo lo preserva.

---

[22] *podre:* putrefacción.

ÉL.—Cada suceso puede ser percibido desde algún lugar.

ELLA.—Y a veces, sin aparatos, desde alguna mente lúcida.

ÉL.—El experimento continúa.

> *(Las oscilaciones luminosas comienzan a vibrar sobre la oficina. ÉL y ELLA salen por los laterales. La luz se estabiliza. La máquina de escribir está descubierta y tiene papeles en el carro. ENCARNA, a la máquina. La puerta se abre y entra MARIO. ENCARNA se vuelve, ahogando un suspiro.)*

MARIO.—He venido a dejar pruebas y, antes de irme, se me ocurrió visitar... a mi hermano.

ENCARNA.—*(Temblorosa.)* Lleva tres horas con los nuevos consejeros.

MARIO.—Y su secretaria, ¿está visible?

ENCARNA.—*(Seria.)* Ya ves que sí.

MARIO.—*(Cierra y avanza.)* [¿Te molesto?

ENCARNA.—Tengo trabajo.

MARIO.—] ¿Estás nerviosa?

ENCARNA.—[Los consejeros nuevos traen sus candidatos...] No sé si continuaré en la casa.

MARIO.—¡Bah! Puedes estar tranquila.

ENCARNA.—Pues no lo estoy. Y te agradecería que... no te quedases mucho tiempo.

MARIO.—*(Frunce las cejas, toma una silla y se sienta junto a ENCARNA, mirándola fijamente. Ella no lo mira.)* Tres días sin verte.

ENCARNA.—Con la reorganización hemos tenido mucho trabajo...

MARIO.—Siempre se encuentra un momento. *(Breve pausa.)* Si se quiere.

ENCARNA.—Yo... tenía que pensar.

MARIO.—*(Le toma una mano.)* Encarna...

ENCARNA.—¡Por favor, Mario!
MARIO.—¡Tú sabes ya que me quieres!
ENCARNA.—¡No! ¡No lo sé!
MARIO.—¡Lo sabes!
ENCARNA.—*(Se levanta, trémula.)* ¡No!
MARIO.—*(Se levanta casi al tiempo y la abraza.)* ¿Por qué mientes?
ENCARNA.—¡Suelta!

> *(Él la besa vorazmente. Ella logra desasirse, denegando obsesivamente, mientras mira a la puerta.* MARIO *llega a su lado y la toma de los brazos.)*

MARIO.—*(Suave.)* ¿Qué te sucede?
ENCARNA.—Tenemos que hablar.

> *(Va a la mesa de despacho, donde se apoya, trémula.)*

MARIO.—Quizá no te gustaron mis padres.
ENCARNA.—[No es eso...] Te aseguro que los quiero ya.
MARIO.—Y ellos a ti.
ENCARNA.—*(Se aparta, buscando de qué hablar.)* Tu padre me llamó Elvirita una vez... ¿Por qué?
MARIO.—Era una hermanita que se nos murió. Tenía dos años cuando terminó la guerra.
ENCARNA.—¿Me confundió con ella?
MARIO.—Si ella viviese, tendría tu edad, más o menos.
ENCARNA.—¿De qué murió?
MARIO.—Tardamos seis días en volver a Madrid. Era muy difícil tomar los trenes, que iban repletos de soldados ansiosos de llegar a sus pueblos... Y era aún más difícil encontrar comida. Leche, sobre todo. Viajamos en camiones, en tartanas, qué sé yo... La nena apenas tomaba nada... Ni nosotros... Murió al cuarto día. De hambre. *(Un silencio.)* [La enterramos en un pueblecito. Mi padre fue al Ayuntamiento y logró en seguida el certificado de de-

función y el permiso. Años después le he oído comentar que fue fácil: que entonces era fácil enterrar [23].

(Un silencio.)]

ENCARNA.—*(Le oprime con ternura un hombro.)* Hay que olvidar, Mario.

MARIO.—*(Cierra los ojos.)* Ayúdame tú, Encarna... ¿Te espero luego en el café?

ENCARNA.—*(Casi llorosa.)* Sí, porque tengo que hablarte.

MARIO.—*(Su tono y su expresión cambian. La mira, curioso.)* ¿De mi hermano?

ENCARNA.—Y de otras cosas.

MARIO.—¿Averiguaste algo? *(Ella lo mira, turbada.)* ¿Sí?

ENCARNA.—*(Corre a la puerta del fondo, la abre y espía un momento. Tranquilizada, cierra y toma su bolso.)* Mira lo que he encontrado en el cesto. *(Saca los trozos de papel de una carta rota y los compone sobre la mesa. MARIO se inclina para leer.)* ¿Entiendes el francés?

MARIO.—Un poco.

ENCARNA.—¿Verdad que hablan de Beltrán?

MARIO.—Piden los derechos de traducción de *Historia secreta,* el tercer libro que él publicó. Y como la Editora ya no existe, se dirigen a vosotros por si los tuvierais..., con el ruego, en caso contrario, de trasladar la petición al interesado. *(Un silencio. Se miran.)* [Y es al cesto de los papeles adonde ha llegado.

ENCARNA.—Si tu hermano la hubiese contestado la habría archivado, no roto.]

(Recoge aprisa los trozos de papel.)

---

[23]   Aparece aquí el motivo central de la muerte de Elvirita, vinculado al momento del final de la guerra civil en 1939 y al tema del tren.

MARIO.—No tires esos pedazos, Encarna.

ENCARNA.—No.

(Los vuelve a meter en el bolso.)

MARIO.—Esperaré a Vicente y le hablaremos de esto.

ENCARNA.—¡No!

MARIO.—¡No podemos callar! ¡Se trata de Beltrán!

[ENCARNA.—Podríamos avisarle...

MARIO.—Lo haremos si es necesario, pero a Vicente le daremos su oportunidad.]

ENCARNA.—*(Se sienta, desalentada, en su silla.)* La carta la he encontrado yo. Déjame intentarlo a mí sola.

MARIO.—¡Conmigo al lado te será más fácil!

ENCARNA.—¡Por favor!

MARIO.—*(La mira con insistencia unos instantes.)* No te pregunto si te atreverás, porque tú sabes que debes hacerlo...

ENCARNA.—Dame unos días...

MARIO.—¡No, Encarna! Si tú no me prometes hacerlo ahora, me quedo yo para decírselo a Vicente.

ENCARNA.—*(Rápida.)* ¡Te lo prometo! *(Baja la cabeza. Él le acaricia el cabello con súbita ternura.)* Me echará.

MARIO.—No tienes que reprocharle nada. Atribúyelo a un descuido suyo.

ENCARNA.—¿Puedo hacer eso?

MARIO.—*(Duro.)* Cuando haya que hablarle claro, lo haré yo. Ánimo, Encarna. En el café te espero.

ENCARNA.—*(Lo mira, sombría.)* Sí. Allí hablaremos.

(La puerta se abre y entra VICENTE *con una carpeta en la mano. Viene muy satisfecho.* ENCARNA *se levanta.)*

VICENTE.—¿Tú por aquí?

MARIO.—Pasé un momento a saludarte. Ya me iba.

VICENTE.—¡No te vayas todavía! *(Mientras deja la carpeta sobre la mesa y se sienta.)* Vamos a ver, Mario. Te voy a hacer una proposición muy seria.

ENCARNA.—¿Me... retiro?

VICENTE.—¡No hace falta! *(A* MARIO.*)* Encarnita debe
saberlo. ¡Escúchame bien! Si tú quieres, ahora mismo
quedas nombrado mi secretario. [Para trabajar aquí, conmigo. Y con ella.] *(*ENCARNA *y* MARIO *se miran.)* Para ti
también hay buenas noticias, Encarna: quinientas pesetas
más al mes. Seguirás con tu máquina y tu archivo. Pero
necesito otro ayudante con buena formación literaria. Tú
lo comprendes...

ENCARNA.—Claro.

(Se sienta en su silla.)

VICENTE.—Tú, Mario. Es un puesto de gran porvenir.
Para empezar, calcula algo así como el triple de lo que
ahora ganas. ¿Hace?

MARIO.—Verás, Vicente...

VICENTE.—Un momento... *(Con afecto.)* Lo puedo hacer hoy; más adelante ya no podría. Figúrate la alegría que
le íbamos a dar a nuestra madre... Ahora puedo decirte
que me lo pidió varias veces.

MARIO.—Lo suponía.

VICENTE.—También a mí me darías una gran alegría, te
lo aseguro...

MARIO.—*(Suave.)* No, Vicente. Gracias.

VICENTE.—*(Reprime un movimiento de irritación.)* ¿Por
qué no?

MARIO.—Yo no valgo para esto...

VICENTE.—*(Se levanta.)* ¡Yo sé mejor que tú lo que
vales! ¡Y esta es una oportunidad única! [¡No puedes,] no
tienes el derecho de rehusarla! ¡Por tu mujer, por tus hijos,
cuando los tengas! *(*ENCARNA *y* MARIO *se miran.)* ¡Encarna, tú eres mujer y lo entiendes! ¡Dile tú algo!

ENCARNA.—*(Muy turbada.)* Sí... Realmente...

[VICENTE.—*(A* MARIO.*)* ¡Me parece que no puedo hacer
por ti más de lo que hago!]

MARIO.—Te lo agradezco de corazón, créeme... Pero no.

VICENTE.—*(Rojo.)* Esto empieza a ser humillante...
Cualquier otro lo aceptaría encantado... y agradecido.

MARIO.—Lo sé, Vicente, lo sé... Discúlpame.

VICENTE.—¿Qué quiere decir ese «discúlpame»? ¿Que
sí o que no?

MARIO.—*(Terminante.)* Que no.

(ENCARNA suspira, decepcionada.)

VICENTE.—*(Después de un momento, muy seco.)* Como
quieras.

(Se sienta.)

MARIO.—Adiós, Vicente. Y gracias.

(Sale y cierra. Una pausa.)

VICENTE.—Hace años que me he resignado a no entenderle. Sólo puedo decir: es un orgulloso y un imbécil.
(Suspira.) Nos meterán aquí a otro; [aún no sé quién será.]
Pero tú no te preocupes: sigues conmigo, y con aumento
de sueldo.

ENCARNA.—Yo también te doy las gracias.

VICENTE.—*(Con un movimiento de contrariedad.)* No
sabe él lo generosa que era mi oferta. Porque le he men-
tido: no me agradaría tenerle aquí. Con sus rarezas resul-
taría bastante incómodo... [Y se enteraría de lo nuestro, y
puede que también le pareciera censurable, porque es un
estúpido que no sabe nada de la vida.] ¡Ea! No quiero
pensarlo más. ¿Algo que firmar?

ENCARNA.—No.

VICENTE.—¿Ningún asunto pendiente? *(Un silencio.)*
¿Eh?

ENCARNA.—*(Con dificultad.)* No.

(Y rompe a llorar.)

VICENTE.—¿Qué te pasa?

ENCARNA.—Nada.

VICENTE.—Nervios... Tu continuidad garantizada...

(Se levanta y va a su lado.)

ENCARNA.—Eso será.

VICENTE.—*(Ríe.)* ¡Pues no hay que llorarlo, sino celebrarlo! *(Íntimo.)* ¿Tienes algo que hacer?

ENCARNA.—Es jueves...

VICENTE.—*(Contrariado.)* Tu amiga.

ENCARNA.—Sí.

VICENTE.—Pensé que hoy me dedicarías la tarde.

ENCARNA.—Ahora ya no puedo avisarla.

VICENTE.—Vamos a donde sea, te disculpas y te espero en el coche.

ENCARNA.—No estaría bien... Mañana, si quieres...

(Un silencio.)

VICENTE.—*(Molesto.)* A tu gusto. Puedes marcharte.

(ENCARNA se levanta, recoge su bolso y se vuelve, indecisa, desde la puerta.)

ENCARNA.—Hasta mañana...

VICENTE.—Hasta mañana.

ENCARNA.—Y gracias otra vez...

VICENTE.—*(Irónico.)* ¡De nada! De nada.

(ENCARNA sale. VICENTE se pasa la mano por los ojos, cansado. Repasa unos papeles, enciende un cigarrillo y se recuesta en el sillón. Fuma, abstraído. Comienza a oírse, muy lejano, el ruido del tren, al tiempo que la luz crece y se precisa en el cuarto de estar. La puerta de la casa se abre y entran LOS PADRES.)

LA MADRE.—¿Adónde vas, hombre?

EL PADRE.—Está aquí.

(*Entra en el cuarto de estar y mira a todos lados.*)

LA MADRE.—¿A quién buscas?
EL PADRE.—Al recién nacido.
LA MADRE.—Recorta tus postales, anda.
EL PADRE.—¡Tengo que buscar a mi hijo!

(*La puerta de la casa se abre y entra* MARIO, *que avanza.*)

LA MADRE.—Siéntate...
EL PADRE.—¡Me quejaré a la autoridad! ¡Diré que no queréis disponer el bautizo!
MARIO.—¿El bautizo de quién, padre?
EL PADRE.—¡De mi hijo Vicente! (*Se vuelve súbitamente, escuchando.* MARIO *se recuesta en la pared y lo observa. El ruido del tren se ha extinguido.*) ¡Calla! Ahora llora.
LA MADRE.—¡Nadie llora!
EL PADRE.—Estará en la cocina.

(*Va hacia el pasillo.*)

MARIO.—Estará en el tren, padre.
LA MADRE.—(*Molesta.*) ¿Tú también?
EL PADRE.—(*Se vuelve.*) ¡Claro! (*Va hacia el invisible tragaluz.*) Vámonos al tren, antes de que el niño crezca. ¿Por dónde se sube?
LA MADRE.—(*Se encoge de hombros y sigue el juego.*) ¡Si ya hemos montado, tonto!
EL PADRE.—(*Desconcertado.*) No.
LA MADRE.—¡Sí, hombre! ¿No oyes la locomotora? Piii... Piii... (*Comienza a arrastrar los pies, como un niño que juega.*) Chaca-chaca, chaca-chaca, chaca-chaca... (*Riendo,* EL PADRE *se coloca tras ella y la imita. Salen los dos al pasillo murmurando, entre risas, su «chaca-chaca» y*

se meten en el dormitorio, cuya puerta se cierra. Una pausa.
MARIO *se acerca al tragaluz y mira hacia fuera, pensativo.*
VICENTE *reacciona en su oficina, apaga el cigarrillo y se
levanta con un largo suspiro. Mira su reloj y, con rápido
paso, sale, cerrando. La luz vibra y se extingue en la oficina.*
LA MADRE *abre con sigilo la puerta del dormitorio, sale al
pasillo, la cierra y vuelve al cuarto de estar sofocando la
risa.)* Este hombre me mata. *(Dispone unos tazones en una
bandeja, sobre la cómoda.)* Al pasar ante el armario se ha
puesto a mirarse en la luna, [muy serio.] Yo le digo: ¿Qué
haces? Y me dice, muy bajito: Aquí, que me he encontrado
con este hombre. Pues háblale. [¿Por qué no le hablas?] Y
me contesta: ¡Bah! Él tampoco me dice nada. *(Muerta de
risa.)* ¡Ay, qué viejo pellejo!... ¿Quieres algo para mojar?

MARIO.—*(Sin volverse.)* No, gracias. *(*LA MADRE *alza la
bandeja y va a irse.)* ¿De qué tren habla?

LA MADRE.—*(Se detiene.)* De alguno de las revistas...

(Inicia la marcha.)

MARIO.—O de alguno real.

LA MADRE.—*(Lo mira, curiosa.)* Puede ser. Hemos to-
mado tantos en esta vida...

MARIO.—*(Se vuelve hacia ella.)* Y también hemos perdido alguno.

LA MADRE.—También, claro.

MARIO.—No tan claro. No se pierde el tren todos los
días. Nosotros lo perdimos sólo una vez [24].

LA MADRE.—*(Inmóvil, con la bandeja en las manos.)*
Creí que no te acordabas.

MARIO.—¿No se estará refiriendo a aquél?

LA MADRE.—Él no se acuerda de nada...

MARIO.—Tú sí te acuerdas.

---

[24]   Nueva aparición del motivo del tren, que al fundirse con la trágica
muerte de Elvirita, va adquiriendo importancia como centro de atención.
Mario, que ha sabido que su hermano descartó la postal del tren, quiere
aclarar sus propios recuerdos.

LA MADRE.—Claro, hijo. No por el tren, sino por aquellos días tremendos... *(Deja la bandeja sobre la mesa.)* El tren es lo de menos. Bueno: se nos llevó a Vicentito, porque él logró meterse por una ventanilla y luego ya no pudo bajar. No tuvo importancia, porque yo le grité [que nos esperase en casa de mi prima cuando llegase a Madrid. ¿Te acuerdas?

MARIO.—No muy bien.

LA MADRE.—Al ver que no podía bajar, le dije:] Vete a casa de la tía Asunción... Ya llegaremos nosotros... Y allí nos esperó, el pobre, sin saber que, entretanto..., se había quedado sin hermanita.

MARIO.—[El otro día,] cuando traje a aquella amiga mía, mi padre la llamó Elvirita.

LA MADRE.—¿Qué me dices?

MARIO.—No lo oíste porque estabas en la cocina.

LA MADRE.—*(Lo piensa.)* Palabras que le vienen de pronto... Pero no se acuerda de nada.

MARIO.—¿Te acuerdas tú mucho de Elvirita, madre?

LA MADRE.—*(Baja la voz.)* Todos los días [25].

MARIO.—Los niños no deberían morir.

LA MADRE.—*(Suspira.)* Pero mueren.

MARIO.—De dos maneras.

LA MADRE.—¿De dos maneras?

MARIO.—La otra es cuando crecen. Todos estamos muertos.

> *(*LA MADRE *lo mira, triste, y recoge su bandeja.* EL PADRE *salió de su habitación y vuelve al cuarto de estar.)*

---

[25]   La familia ha querido vivir ocultando el dolor del pasado, y en el transcurso del drama se asiste a su recuperación paulatina. Ahora se entera Mario (y el público con él) de que La madre nunca ha podido olvidar a su hija. Es notable la abundancia de referencias al recuerdo en las últimas intervenciones: «Creí que no te acordabas»; «Él no se acuerda de nada»; «Tú sí te acuerdas»; «¿Te acuerdas?»; «Pero no se acuerda de nada»; «¿Te acuerdas tú mucho...?».

EL PADRE.—Buenas tardes, señora. ¿Quién es usted?

LA MADRE.—*(Grave.)* Tu mujer.

EL PADRE.—*(Muy serio.)* Qué risa, tía Felisa.

LA MADRE.—¡Calla, viejo pellejo! *(EL PADRE revuelve postales y revistas sobre la mesa. Elige una postal, se sienta y se pone a recortarla. LA MADRE vuelve a dejar la bandeja y se acerca a MARIO.)* Esa amiga tuya parece buena chica. ¿Es tu novia?

MARIO.—No...

LA MADRE.—Pero te gusta.

MARIO.—Sí.

LA MADRE.—[No es ninguna señorita relamida, ¡qué va! Y nosotros le hemos caído bien...] Yo que tú, me casaba con ella.

MARIO.—¿Y si no quiere?

LA MADRE.—¡Huy, hijo! A veces pareces tonto.

[MARIO.—¿Crees que podría ella vivir aquí, estando padre como está?

LA MADRE.—Si ella quiere, ¿por qué no? ¿La vas a ver hoy?

MARIO.—Es posible.

LA MADRE.—Díselo.]

MARIO.—*(Sonríe.)* Suponte que ya se lo he dicho y que no se decide.

LA MADRE.—Será que quiere hacerse valer.

MARIO.—¿Tú crees?

LA MADRE.—*(Dulce.)* Seguro, hijo.

EL PADRE.—*(A MARIO, por alguien de una postal.)* ¿Quién es éste?...

MARIO.—*(Se abraza de pronto a su madre.)* Me gustaría que ella viniese con nosotros.

LA MADRE.—Vendrá... y traerá alegría a la casa, y niños...

MARIO.—No hables a mi hermano de ella. Todavía no.

LA MADRE.—Se alegraría...

MARIO.—Ya lo entenderás. Es una sorpresa.

LA MADRE.—Como quieras, hijo. *(Baja la voz.)* Y tú no le hables a tu padre de ningún tren. No hay que complicar las cosas... ¡y hay que vivir! *(Se miran fijamente. Suena el timbre de la casa.)* ¿Quién será?

MARIO.—Yo iré.

LA MADRE.—¿La has citado aquí?

MARIO.—No...

LA MADRE.—Como ya es visita de la casa...

MARIO.—*(Alegre.)* Es cierto. ¡Si fuera ella...!

(Va a salir al pasillo.)

EL PADRE.—¿Quién es éste?...

*(*MARIO *lo mira un instante y sale a abrir.)*

LA MADRE.—*(Al tiempo, a su marido.)* ¡El hombre del saco! ¡Uuuh! *(Y se acerca al pasillo para atisbar.* MARIO *abre. Es* VICENTE.*)* ¡Vicente, hijo! *(*MARIO *cierra en silencio.* VICENTE *avanza. Su madre lo abraza.)* ¿Te sucede algo?

VICENTE.—*(Sonríe.)* Te prometí venir más a menudo.

LA MADRE.—¡Pues hoy no te suelto en toda la tarde!

VICENTE.—No puedo quedarme mucho rato.

LA MADRE.—¡Ni te escucho! *(Han llegado al cuarto de estar.* LA MADRE *corre a la cómoda y saca un bolsillito de un cajón.)* ¡Y hazme el favor de esperar aquí tranquilito hasta que yo vuelva! *(Corre por el pasillo.)* ¡No tardo nada!

(Abre la puerta del piso y sale presurosa, cerrando.)

MARIO.—*(Que avanzó a su vez y se ha recostado en la entrada del pasillo.)* ¿A que trae ensaimadas?

VICENTE.—*(Ríe.)* ¿A que sí? Hola, padre. ¿Cómo sigue usted?

*(*EL PADRE *lo mira y vuelve a sus postales.)*

MARIO.—Igual, ya lo ves. Supongo que has venido a hablarme...

VICENTE.—Sí.

MARIO.—Tú dirás.

(Cruza y se sienta tras su mesita.)

VICENTE.—*(Con afecto.)* ¿Por qué no quieres trabajar en la Editora?

MARIO.—*(Lo mira, sorprendido.)* ¿De eso querías hablarme?

[VICENTE.—Sería una lástima perder esta oportunidad; quizá no tengas otra igual en años.

MARIO.—¿Estás seguro de que no quieres hablarme de ninguna otra cosa?]

VICENTE.—¡Claro! ¿De qué, si no? [26] *(Contrariado, MARIO se golpea con el puño la palma de la mano, se levanta y pasea. VICENTE se acerca.)* Para la Editora ya trabajas, Mario. ¿Qué diferencia hay?

MARIO.—*(Duro.)* Siéntate.

VICENTE.—Con mucho gusto, si es que por fin vas a decir algo sensato.

(Se sienta.)

MARIO.—Quizá no. *(Sonríe.)* Yo vivo aquí, con nuestro padre... Una atmósfera no muy sensata, ya lo sabes. *(Indica a* EL PADRE.*)* Míralo. Este pobre demente era un hombre recto, ¿te acuerdas? Y nos inculcó la religión de la rectitud. Una enseñanza peligrosa, porque [luego, cuando te

---

[26]   Como explica bien en su edición García Barrientos, Mario se muestra contrariado al darse cuenta de que Encarna no ha hablado con su hermano del asunto Beltrán. Con ello se cumplen varios fines: mostrar el altruismo de Mario, más preocupado por la situación del escritor que por la suya propia; dar pie a su mal contenida irritación en el debate o enfrentamiento que tiene lugar de inmediato, y provocar la aparición del «fantasma» de Beltrán a través del tragaluz, al final de la escena.

enfrentas con el mundo, comprendes que es tu peor ene-
miga.] *(Acusador.)* No se vive de la rectitud en nuestro
tiempo. ¡Se vive del engaño, de la zancadilla, de la componenda...! Se vive pisoteando a los demás. ¿Qué hacer,
entonces? O aceptas ese juego siniestro... y sales de este
pozo..., o te quedas en el pozo.

VICENTE.—*(Frío.)* ¿Por qué no salir?

MARIO.—Te lo estoy explicando... Me repugna nuestro
mundo. [Todos piensan que] en él no cabe sino comerte a
los demás o ser comido. Y encima, todos te dicen: ¡devora
antes de que te devoren! Te daremos bellas teorías para tu
tranquilidad. La lucha por la vida... El mal inevitable para
llegar al bien necesario... La caridad bien entendida...
Pero yo, en mi rincón, intento comprobar si puedo salvarme de ser devorado..., aunque no devore.

VICENTE.—No siempre te estás en tu rincón, supongo.

MARIO.—No siempre. Salgo a desempeñar mil trabaji-
llos fugaces...

VICENTE.—Algo pisotearás también al hacerlos.

MARIO.—Tan poca cosa... Me limito a defenderme. Y
hasta me dejo pisotear un poco, por no discutir... Pero,
por ejemplo, no me enriquezco.

VICENTE.—Es toda una acusación. ¿Me equivoco?

EL PADRE.—¿Quién es éste?

(MARIO va junto a su padre.)

MARIO.—Usted nos dijo que lo sabía.

EL PADRE.—Y lo sé.

(Se les queda mirando, socarrón.)

MARIO.—*(A su hermano.)* Es curioso. La plaza de la Ópera, en París, el señor del hongo. Y la misma afirmación.

VICENTE.—Tú mismo has dicho que era un pobre demente.

MARIO.—Pero un hombre capaz de preguntar lo que él
pregunta... tiene que ser mucho más que un viejo imbécil.

VICENTE.—¿Qué pregunta?

MARIO.—¿Quién es éste? ¿Y aquél? ¿No te parece una pregunta tremenda?

VICENTE.—¿Por qué?

MARIO.—¡Ah! Si no lo entiendes...

(Se encoge de hombros y pasea.)

EL PADRE.—¿Tú tienes hijos, señorito?

VICENTE.—¿Qué?

MARIO.—Te habla a ti.

VICENTE.—Sabe usted que no.

EL PADRE.—*(Sonríe.)* Luego te daré una sorpresa, señorito.

(Y se pone a recortar algo de una revista.)

VICENTE.—[No me has contestado.] *(MARIO se detiene.)* ¿Te referías a mí cuando hablabas de pisotear y enriquecerse?

MARIO.—Sólo he querido decir que tal vez yo no sería capaz de entrar en el juego sin hacerlo.

VICENTE.—*(Se levanta.)* ¡Pero no se puede uno quedar en el pozo!

MARIO.—¡Alguien tenía que quedarse aquí!

VICENTE.—*(Se le enfrenta, airado.)* ¡Si yo no me hubiera marchado, ahora no podría ayudaros!

MARIO.—¡Pero en aquellos años había que mantener a los padres..., y los mantuve yo! Aunque mal, lo reconozco.

VICENTE.—¡Los mantuviste: enhorabuena! ¡Ahora puedes venirte conmigo y los mantendremos entre los dos!

MARIO.—*(Sincero.)* De verdad que no puedo.

VICENTE.—*(Procura serenarse.)* Mario, toda acción es impura. Pero [no todas son tan egoístas como crees.] ¡No harás nada útil si no actúas! Y no conocerás a los hombres sin tratarlos, ni a ti mismo si no te mezclas con ellos.

MARIO.—Prefiero mirarlos.

VICENTE.—¡Pero es absurdo, es delirante! ¡Estás consumiendo tu vida aquí, mientras observas a un alienado o atisbas por el tragaluz piernas de gente insignificante!... ¡Estás soñando! ¡Despierta!

MARIO.—¿Quién debe despertar? ¡Veo a mi alrededor muchos activos, pero están dormidos! ¡Llegan a creerse tanto más irreprochables cuanto más se encanallan!

VICENTE.—¡No he venido a que me insultes!

MARIO.—Pero vienes. Estás volviendo al pozo, cada vez con más frecuencia..., y eso es lo que más me gusta de ti [27].

EL PADRE.—*(Interrumpe su recortar y señala a una postal.)* ¿Quién es éste, señorito? ¿A que no lo sabes?

MARIO.—La pregunta tremenda.

VICENTE.—¿Tremenda?

MARIO.—Naturalmente. Porque no basta con responder «Fulano de Tal», ni con averiguar lo que hizo y lo que le pasó. Cuando supieras todo eso tendrías que seguir preguntando... Es una pregunta insondable.

VICENTE.—Pero ¿de qué hablas?

EL PADRE.—*(Que los miraba, señala otra vez a la postal.)* Habla de éste.

(Y recorta de nuevo.)

MARIO.—¿Nunca te lo has preguntado tú, ante una postal vieja? ¿Quién fue éste? Pasó en aquel momento por allí... ¿Quién era? A los activos como tú no les importa. Pero yo me lo tropiezo ahí, en la postal, inmóvil...

VICENTE.—O sea, muerto.

MARIO.—Sólo inmóvil. Como una pintura muy viva; como la fotografía de una célula muy viva. Lo retrataron; ni siquiera se dio cuenta. Y yo pienso... Te vas a reír...

VICENTE.—*(Seco.)* Puede ser.

MARIO.—Pienso si no fue retratado para que yo, muchos años después, me preguntase quién era. *(*VICENTE *lo*

---

[27] La reiteración de las visitas de Vicente remite a la vez a la mala conciencia por su actuación en el pasado y al deseo de imponer su versión del mismo, como se desarrollará en la segunda parte.

mira con asombro.) Sí, sí; y también pienso a veces si se podría...

> *(Calla.)*

VICENTE.—¿El qué?

MARIO.—Emprender la investigación.

VICENTE.—No entiendo.

MARIO.—Averiguar quién fue esa sombra, [por ejemplo.] Ir a París, publicar anuncios, seguir el hilo... ¿Encontraríamos su recuerdo? ¿O acaso a él mismo, ya anciano, al final del hilo? Y así, con todos [28].

VICENTE.—*(Estupefacto.)* ¿Con todos?

MARIO.—Tonterías. Figúrate. Es como querer saber el comportamiento de un electrón en una galaxia lejanísima.

VICENTE.—*(Riendo.)* ¡El punto de vista de Dios!

> *(EL PADRE los mira gravemente.)*

MARIO.—Que nunca tendremos, pero que anhelamos.

VICENTE.—*(Se sienta, aburrido.)* Estás loco.

MARIO.—Sé que es un punto de vista inalcanzable. Me conformo por eso con observar las cosas, *(Lo mira.)* y a las personas, desde ángulos inesperados...

VICENTE.—*(Despectivo, irritado.)* Y te las inventas, como hacíamos ante el tragaluz cuando éramos muchachos.

MARIO.—¿No nos darán esas invenciones algo muy verdadero que las mismas personas observadas ignoran?

VICENTE.—¿El qué?

MARIO.—Es difícil explicarte... Y además, tú ya no juegas a eso... Los activos casi nunca sabéis mirar. Sólo veis

---

[28] Mario expone un proyecto utópico, pero realizable dentro del planteamiento y la perspectiva temporal de la obra. A partir de la idea de que todo hombre es importante (la «importancia infinita del caso singular», dijo Ella al principio), se apunta la posibilidad de averiguarlo todo acerca de él: «Emprender la investigación.» Pero esa es justamente la tarea que llevan a cabo los hombres del futuro ('mirar un árbol tras otro del bosque'), que se han calificado a sí mismos de «investigadores».

los tópicos en que previamente creíais. Yo procuro evitar el tópico. Cuando me trato con ellos me pasa lo que a todos: [la experiencia es amarga.] Noto que son unos pobres diablos, que son hipócritas, que son enemigos, que son deleznables... Una tropa de culpables y de imbéciles. Así que observo... esas piernas que pasan. Y entonces creo entender que también son otras cosas... inesperadamente hermosas. O sorprendentes.

VICENTE.—*(Burlón.)* ¿Por ejemplo?

MARIO.—*(Titubea.)* No es fácil dar ejemplos. Un ademán, una palabra perdida... No sé. Y, muy de tarde en tarde, alguna verdadera revelación.

EL PADRE.—*(Mirándose las manos.)* ¡Cuántos dedos!

VICENTE.—*(A su hermano.)* ¿Qué ha dicho?

EL PADRE.—*(Levanta una mano.)* Demasiados dedos. Yo creo que estos dos sobran.

(Aproxima las tijeras a su meñique izquierdo.)

VICENTE.—*(Se levanta en el acto.)* ¡Cuidado! *(*MARIO, *que se acercó a su padre, le indica a su hermano con un rápido ademán que se detenga.)* ¡Se va a hacer daño!

*(*MARIO *deniega y observa a su padre muy atento, pronto a intervenir. EL PADRE intenta cortarse el meñique y afloja al sentir dolor.)*

EL PADRE.—*(Ríe.)* ¡Duele, caramba! [29]

(Y vuelve a recortar en sus revistas. MARIO sonríe.)

VICENTE.—¡Pudo cortarse!

MARIO.—Lo habríamos impedido a tiempo. Ahora sabemos que sus reflejos de autodefensa le responden.

---

[29]   Nueva llamada de atención sobre las tijeras de El padre.

[VICENTE.—Una imprudencia, de todos modos.

MARIO.—Ha habido que coserle los bolsillos porque se cortaba los forros. Pero no conviene contrariarle. Si tú te precipitas, quizá se habría cortado.] *(Sonríe.)* Y es que hay que observar, hermano. Observar y no actuar tanto. ¿Abrimos el tragaluz?

VICENTE.—*(Burlón.)* ¿Me quieres brindar una de esas grandes revelaciones?

MARIO.—Sólo intento volver un poco a nuestro tiempo de muchachos.

VICENTE.—*(Se encoge de hombros y se apoya en el borde de la camilla.)* Haz lo que gustes.

> *(*MARIO *se acerca a la pared invisible y mima el ademán de abrir el tragaluz. Se oye el ruido de la falleba* [30] *y acaso la luz de la habitación se amortigua un tanto. Sobre la pared del fondo se proyecta la luminosa mancha ampliada del tragaluz, cruzada por la sombra de los barrotes.* EL PADRE *abandona las tijeras y mira, muy interesado. No tarda en pasar la sombra de las piernas de un viandante cualquiera)* [31].

EL PADRE.—¡Siéntense!
VICENTE.—*(Ríe.)* ¡Como en el cine!

> *(Y ocupa una silla.)*

MARIO.—Como entonces.

---

[30]   *falleba:* pieza de hierro que se hace girar para cerrar las ventanas de dos hojas.
[31]   La escena remite al mito clásico de la caverna de Platón, fundamental además en su teoría del conocimiento. También aquí las sombras en el fondo de la pared revelan una realidad parcial, que a los ojos de Mario puede descubrir un significado más profundo. Nótese cómo su hermano lo califica de 'poeta', esto es, 'creador', que eso es lo que quiere decir tal término etimológicamente; Vicente insistirá en que 'está inventando'.

(Se sienta. Los tres observan el tragaluz. Ahora son unas piernas femeninas las que pasan, rápidas. Poco después, las piernas de dos hombres cruzan despacio en dirección contraria. Tal vez se oye el confuso murmullo de su charla.)

VICENTE.—*(Irónico.)* Todo vulgar, insignificante...

MARIO.—[¿Te parece?] *(Una pareja cruza: piernas de hombre junto a piernas de mujer. Se oyen sus risas. Cruzan las piernas de otro hombre, que se detiene un momento y se vuelve, al tiempo que se oye decir a alguien: «¡No tengas tanta prisa!» Las piernas del que habló arrojan su sombra: venía presuroso y se reúne con el anterior. Siguen los dos su camino y sus sombras desaparecen.)* Eso digo yo: no tengas tanta prisa. *(Entre risas y gritos de «¡Maricón el último!», pasan corriendo las sombras de tres chiquillos.)* Chicos del barrio. Quizá van a comprar su primer pitillo en la esquina: por eso hablan ya como hombrecitos. Alguna vez se paran, golpean en los cristales y salen corriendo...

VICENTE.—Los conocías ya.

MARIO.—*(Sonríe y concede.)* Sí. *(Al tiempo que cruzan las piernas de un joven.)* ¿Y ése?

VICENTE.—¡No has podido ver nada!

MARIO.—Llevaba en la mano un papelito, y tenía prisa. ¿Una receta? La farmacia está cerca. Hay un enfermo en casa. Tal vez su padre... *(VICENTE deniega con energía, escéptico. Cruza la sombra de una vieja que se detiene, jadeante, y continúa.)* ¿Te has fijado?

VICENTE.—¿En qué?

MARIO.—Ésta llevaba un bote, con una cuchara. Las sobras de alguna casa donde friega. Es el fracaso... Tenía varices en las pantorrillas. Es vieja, pero tiene que fregar suelos...

VICENTE.—*(Burlón.)* Poeta.

(Pasan dos sombras más.)

MARIO.—[No tanto.] *(Cruza lentamente la sombra de unas piernas femeninas y una maleta.)* ¿Y ésta?

VICENTE.—¡Si ya ha pasado!

MARIO.—Y tú no has visto nada.

VICENTE.—Una maleta.

MARIO.—De cartón. Y la falda, verde manzana. Y el andar, inseguro. Acaso otra chica de pueblo que viene a la ciudad... La pierna era vigorosa, de campesina.

VICENTE.—*(Con desdén.)* ¡Estás inventando!

MARIO.—*(Con repentina y desconcertante risa.)* ¡Claro, claro! Todo puede ser mentira.

VICENTE.—¿Entonces?

MARIO.—Es un juego. Lo más auténtico de esas gentes se puede captar, pero no es tan explicable.

VICENTE.—*(Con sorna.)* Un «no sé qué».

MARIO.—Justo.

VICENTE.—Si no es explicable no es nada.

MARIO.—No es lo mismo «nada» que «no sé qué».

(Cruzan dos o tres sombras más.)

VICENTE.—¡Todo esto es un disparate!

MARIO.—*(Comenta, anodino y sin hacerle caso, otra sombra que cruza.)* Una madre joven, con el cochecito de su hijo. El niño podría morir hoy mismo, pero ella, ahora, no lo piensa... *(Ante el gesto de fastidio de su hermano.)* Por supuesto, puede ser otra mentira. *(Ante otra sombra, que se detiene.)* ¿Y éste? No tiene mucho que hacer. Pasea.

(De pronto, la sombra se agacha y mira por el tragaluz. Un momento de silencio.)

EL PADRE.—¿Quién es ése?

(La sombra se incorpora y desaparece.)

VICENTE.—*(Incómodo.)* Un curioso...

MARIO.—*(Domina con dificultad su emoción.)* Como nosotros. Pero ¿quién es? Él también se pregunta: ¿quiénes son ésos? Esa sí era una mirada... sobrecogedora. Yo me siento... él...

VICENTE.—¿Era este el prodigio que esperabas?

MARIO.—*(Lo considera con ojos enigmáticos.)* Para ti no es nada, ya lo veo. Habrá que probar por otro lado.

VICENTE.—¿Probar?

(Los chiquillos vuelven a pasar en dirección contraria. Se detienen y se oyen sus voces: «Aquí nos pueden ver. Vamos a la glorieta y allí la empezamos.» «Eso, eso. A la glorieta.» «¡Maricón el último!» Corren y desaparecen sus sombras.)

MARIO.—Los de antes. Hablan de una cajetilla.

[VICENTE.—*(Intrigado a su pesar.)* ¿Tú crees?

MARIO].—Ya ves que he acertado.

VICENTE.—Una casualidad.

MARIO.—Desde luego tampoco este es el prodigio. Sin embargo, yo diría que hoy...

VICENTE.—¿Qué?

MARIO.—*(Lo mira fijamente.)* Nada. *(Cruzan dos o tres sombras. VICENTE va a hablar.)* Calla.

(Miran al tragaluz. No pasa nadie.)

VICENTE.—*(Musita.)* No pasa nadie...

MARIO.—No.

VICENTE.—Ahí hay otro.

(Aparece la sombra de unas piernas. Pertenecen a un hombre que deambula sin prisa. Se detiene justamente ante el tragaluz y se vuelve poco a poco, con las manos en la espalda, como si contemplase la calle. Da un par de pasos más y vuelve a detenerse. MARIO espía a su hermano.)

MARIO.—¡No puede ser!

VICENTE.—¿Qué?

MARIO.—¿No te parece que es...?

VICENTE.—¿Quién? *(Un silencio.)* ¿Alguien del barrio?

MARIO.—Si es él, me pregunto qué le ha traído por aquí. Puede que venga a observar... [Estos ambientes le interesan...]

VICENTE.—¿De quién hablas?

MARIO.—Juraría que es él. ¿No crees? Fíjate bien. El pantalón oscuro, la chaqueta de mezclilla... Y esa manera de llevar las manos a la espalda... Y esa cachaza...

VICENTE.—*(Muy asombrado.)* ¿Eugenio Beltrán? *(Se levanta y corre al tragaluz. La sombra desaparece. MARIO no pierde de vista a su hermano. VICENTE mira en vano desde un ángulo.)* No le he visto la cara. *(Se vuelve.)* ¡Qué tontería! *(MARIO guarda silencio.)* ¡No era él, Mario! *(MARIO no contesta.)* ¿O te referías a otra persona? *(MARIO se levanta sin responder. La voz de VICENTE se vuelve áspera.)* ¿Ves cómo son figuraciones, engaños? *(MARIO va al tragaluz.)* ¡Si estos son los prodigios que se ven desde aquí, me río de tus prodigios! ¡Si es esta tu manera de conocer a la gente, estás aviado! *(Al tiempo que pasa otra sombra, MARIO cierra el tragaluz y gira la invisible falleba. La enrejada mancha luminosa desaparece.)* ¿O vas a sostener que era él? ¡No lo era!

MARIO.—*(Se vuelve hacia su hermano.)* Puede que no fuera él. Y puede que en eso, precisamente, esté el prodigio [32].

> *(Torna a su mesita y recoge de allí un pitillo, que enciende. VICENTE se ha inmutado; ahora no lo pierde de vista. Va a hablar, pero se arrepiente. La luz vibra y crece en el primer término. ENCARNA entra por la izquierda,*

---

[32]   Con una estratagema sencilla, Mario ha hecho caer a su hermano en la trampa y descubre que Beltrán le obsesiona y que su proceder con él no deja tranquila su conciencia; de ahí que crea haberle visto por el tragaluz. Ese es el «prodigio» a que alude.

*mira hacia la derecha, consulta su reloj y se
sienta junto al velador.* EL PADRE *se levanta
llevando en la mano un muñeco que ha recortado.)*

EL PADRE.—Toma, señorito. *(*VICENTE *lo mira, desconcertado.)* Hay que tener hijos y velar por ellos. Toma uno.
*(*VICENTE *toma el muñeco.* EL PADRE *va a volver a su sillón
y se detiene.)* ¿No llora otra vez? *(*VICENTE *lo mira, asombrado.)* Lo oigo en el pasillo.

*(Va hacia el pasillo. La puerta del fondo se
abre y entra* LA MADRE *con un paquetito.)*

LA MADRE.—*(Mientras cierra.)* Me han hecho esperar,
hijo. Ahora mismo merendamos.
EL PADRE.—Ya no llora.

(Vuelve a sentarse para mirar revistas.)

LA MADRE.—Te he traído ensaimadas. *(Exhibe el paquetito y lo deja sobre la cómoda.)* ¡En un momento caliento
la leche!

(Corre al pasillo y se detiene al oír a su hijo.)

VICENTE.—*(Frío.)* Lo siento, madre. Tengo que irme.
LA MADRE.—Pero hijo...
VICENTE.—Se me ha hecho tardísimo. *(Se acerca al*
PADRE *para devolverle el muñeco de papel, que conservó en
la mano.* EL PADRE *lo mira. Él vacila y al fin se lo guarda
en el bolsillo.)* Adiós, madre.
LA MADRE.—*(Que, entretanto, abrió aprisa el paquete.)*
Tómate al menos una ensaimada...
VICENTE.—No, gracias. Tengo prisa. *(La besa. Se despide de su hermano sin mirarlo.)* Adiós, Mario.

(Se encamina al pasillo.)

MARIO.—Adiós.

LA MADRE.—Vuelve pronto...

VICENTE.—Cuando pueda, madre. Adiós.

LA MADRE.—*(Vuelve a besarlo.)* Adiós... *(Sale* VICENTE. MARIO *apaga bruscamente su pitillo; con gesto extrañamente eufórico, atrapa una ensaimada y la devora.* LA MADRE *lo mira, intrigada.)* Te daré a ti la leche...

MARIO.—Sólo esta ensaimada. *(Recoge su tabaco y se lo guarda.)* Yo también me voy. *(Consulta su reloj.)* Hasta luego. *(Por el pasillo, su voz parece un clarín.)* ¡Está muy rica esta ensaimada, madre!

> *(*MARIO *sale.* LA MADRE *se vuelve hacia su marido, pensativa.)*

LA MADRE.—Si pudiéramos hablar como hace años, me contarías...

> *(Suspira y se va hacia la cocina, cuya puerta cierra. Una pausa. Se oye un frenazo próximo.* ENCARNA *mira hacia la derecha y se turba. Para ocultar su cara se vuelve un tanto.* VICENTE *aparece por la derecha y llega a su lado.)*

VICENTE.—¿Qué haces tú aquí?

ENCARNA.—¡Hola! ¡Qué sorpresa!

VICENTE.—Eso digo yo.

ENCARNA.—Esperaba a mi amiga. *(Consulta la hora.)* Ya no viene.

VICENTE.—¿Cómo lo sabes?

ENCARNA.—Llevo aquí mucho rato...

VICENTE.—*(Señala al velador.)* ¿Sin tomar nada?

ENCARNA.—*(Cada vez más nerviosa.)* Bebí una cerveza... Ya se han llevado el vaso.

> *(Mira inquieta hacia el café invisible. Un silencio.* VICENTE *lanza una ojeada suspicaz hacia la derecha.)*

VICENTE.—Mis padres y mi hermano viven cerca. ¿Lo sabías?

ENCARNA.—Qué casualidad...

VICENTE.—*(En tono de broma.)* ¿No sería a un amigo a quien esperabas?

ENCARNA.—*(Roja.)* No me gustan esas bromas.

VICENTE.—¿No me invitas a quedarme? Podemos esperar a tu amiga juntos.

ENCARNA.—¡Si ya no vendrá! *(Baja la cabeza, trémula.)* Pero... como quieras.

VICENTE.—*(La mira fijamente.)* Mejor será irse. Ahora sí que podrás dedicarme la noche...

ENCARNA.—¡Claro! *(Se levanta, ansiosa.)* ¿Adónde vamos?

VICENTE.—A mi casa, naturalmente.

> *(La toma del brazo y salen los dos por la derecha. El coche arranca. Una pausa. Se oyen golpecitos en un cristal.* EL PADRE *levanta la vista de sus revistas y, absorto, mira al tragaluz.* MARIO *entra por el primer término derecho y, al ver el velador solitario, frunce las cejas. Mira su reloj; esboza un gesto de desesperanza. Se acerca al velador, vacila. Al fin se sienta, con expresión sombría. Una pausa. Los golpecitos sobre el cristal se repiten.* EL PADRE, *que los aguardaba, se levanta; mira hacia el fondo para cerciorarse de que nadie lo ve y corre a abrir el tragaluz. La claridad del primer término se amortiguó notablemente.* MARIO *es casi una sombra inmóvil. Sobre el cuarto de estar vuelve a proyectarse la luminosa mancha del tragaluz. Agachadas para mirar, se dibujan las sombras de dos niños y una niña.)*

VOZ DE NIÑO.—*(Entre las risas de los otros dos.)* ¿Cómo le va, abuelo?

EL PADRE.—*(Ríe con ellos.)* ¡Hola!

VOZ DEL OTRO NIÑO.—¿Nos da una postal, abuelo?

VOZ DE NIÑO.—Mejor un pitillo.

EL PADRE.—*(Feliz.)* ¡No se fuma, granujas!

VOZ DE NIÑA.—¿Se viene a la glorieta, abuelo?

EL PADRE.—¡Ten tú cuidado en la glorieta, Elvirita! ¡Eres tan pequeña! *(Risas de los niños.)* ¡Mario! ¡Vicente! ¡Cuidad de Elvirita!

VOZ DEL OTRO NIÑO.—*(Entre las risas de todos.)* ¡Véngase a jugar, abuelo!

EL PADRE.—*(Riendo.)* ¡Sí, sí! ¡A jugar!...

VOZ DE NIÑO.—¡Adiós, abuelo!

(Su sombra se incorpora.)

EL PADRE.—¡Vicente! ¡Mario! ¡Elvirita! *(Las sombras inician la marcha, entre risas.)* ¡Esperadme!...

VOZ DE NIÑA.—Adiós...

(Las sombras desaparecen.)

EL PADRE.—*(Sobre las risas que se alejan.)* ¡Elvirita!...[33]

(Solloza inconteniblemente, en silencio. Crece una oscuridad casi total, al tiempo que dos focos iluminan a los investigadores, que aparecen por ambos laterales.)

ELLA.—*(Sonriente.)* Volved a vuestro siglo... La primera parte del experimento ha terminado.

(El telón empieza a caer.)

ÉL.—Gracias por vuestra atención.

TELÓN

---

[33]   El espectador descubre ahora que El padre, en su mente trastornada, no ha perdido el recuerdo de su hija muerta, lo que será muy importante para el desenlace.

PARTE SEGUNDA

(El telón comienza a subir lentamente. Se inician las vibraciones luminosas. Los investigadores, uno a cada lateral, están fuertemente iluminados. El escenario está en penumbra; en la oficina y en el cuarto de estar la luz crece un tanto. Inmóvil y sentada a la mesa de la oficina, ENCARNA. Inmóviles y abrazados en la vaga oscuridad del pasillo, LA MADRE y VICENTE.)

ELLA.—Comienza la segunda parte de nuestro experimento.

ÉL.—Sus primeras escenas son posteriores en ocho días a las que habéis visto. *(Señala a la escena.)* Los proyectores trabajan ya y por ello vemos presencias, si bien aún inmóviles.

ELLA.—Los fragmentos rescatados de esos días no son imprescindibles. Vimos en ellos a Encarna y a Vicente trabajando en la oficina y sin hablar apenas...

ÉL.—También los vimos en una alcoba, que sería quizá la de Vicente, practicando rutinariamente el amor físico.

ELLA.—Captamos asimismo algunos fragmentos de la intimidad de Mario y sus padres. Muñecos recortados, pruebas corregidas, frases anodinas... Minutos vacíos.

ÉL.—Pero no captamos ningún nuevo encuentro entre Encarna y Mario.

ELLA.—Sin duda no lo hubo.

ÉL.—El experimento se reanuda, con visiones muy nítidas, durante una inesperada visita de Vicente a su antigua casa.

(La luz llega a su normal intensidad en la oficina y en el cuarto de estar. ENCARNA *comienza a moverse lentamente.)*

ELLA.—Recordaréis que su hermano se lo había dicho: «Tú vuelves cada vez con más frecuencia...»

ÉL.—*(Señala al escenario.)* El resto de la historia nos revelará los motivos.

(Salen ÉL *y* ELLA *por ambos laterales. La luz crece sobre* LA MADRE *y el hijo.* ENCARNA *repasa papeles: está ordenando cartas para archivar. Su expresión es marchita.* LA MADRE *y* VICENTE *deshacen el abrazo. Mientras hablan,* ENCARNA *va al archivador y mete algunas carpetas. Pensativa, se detiene. Luego vuelve a la mesa y sigue su trabajo.)*

LA MADRE.—*(Dulce.)* ¡Te me estás volviendo otro! Vienes tanto ahora... *(*VICENTE *sonríe.)* Pasa, pasa. ¿Quieres tomar algo? Leche no queda, pero te puedo dar una copita de anís.

(Llegan al cuarto de estar.)

VICENTE.—Nada, madre. Gracias.

LA MADRE.—O un vasito de tinto...

VICENTE.—De verdad que no, madre.

*(*ENCARNA *mira al vacío, sombría.)*

LA MADRE.—¡Mala suerte la mía!

VICENTE.—¡No lo tomes tan a pecho!

LA MADRE.—¡No es eso! Yo tenía que subir a ayudar a la señora Gabriela. Quiere que le enseñe cómo se hacen los huevos a la besamel. Es más burra...

VICENTE.—Pues sube.

LA MADRE.—¡Que se espere! Tu padre salió a pasear con el señor Anselmo. No tardarán en volver, pero irán arriba.

VICENTE.—*(Se sienta con aire cansado.)* ¿No está Mario?

LA MADRE.—Tampoco.

(ENCARNA *deja sus papeles y oculta la cabeza entre las manos.)*

VICENTE.—¿Qué tal sigue padre?

(Enciende un cigarrillo.)

LA MADRE.—Bien, a su modo.

(Va a la mesita para tomar el cenicero de MARIO.*)*

VICENTE.—¿Más irritado?

LA MADRE.—*(Avergonzada.)* ¿Lo dices por lo de... la televisión?

VICENTE.—Olvida eso.

LA MADRE.—Él siempre ha sido irritable... Ya lo era antes de enfermar.

VICENTE.—De eso hace ya mucho...

LA MADRE.—Pero me acuerdo.

(Le pone el cenicero al lado.)

VICENTE.—Gracias.

LA MADRE.—Yo creo que tu padre y el señor Anselmo están ya arriba. Voy a ver.

(Va hacia el fondo.)

VICENTE.—Y del tren, ¿te acuerdas? [34]

> (LA MADRE *se vuelve despacio y lo mira. Comienza a sonar en el mismo instante el teléfono de la oficina.* ENCARNA *se sobresalta y lo mira, sin atreverse a descolgar.*)

LA MADRE.—¿De qué tren?
VICENTE.—*(Ríe, con esfuerzo.)* ¡Qué mala memoria! *(El teléfono sigue sonando.* ENCARNA *se levanta, mirándolo fijamente y retorciéndose las manos.)* Sólo perdisteis uno, que yo sepa... *(LA MADRE se acerca y se sienta a su lado.* ENCARNA *va a tomar el teléfono, pero se arrepiente.)* ¿O lo has olvidado?
LA MADRE.—Y tú, ¿por qué te acuerdas? ¿Porque tu padre ha dado en esa manía de que el tragaluz es un tren? Pero no tiene ninguna relación...

> (*El teléfono deja de sonar.* ENCARNA *se sienta, agotada.*)

VICENTE.—Claro que no la tiene. Pero ¿cómo iba yo a olvidar aquello?
LA MADRE.—Fue una pena que no pudieses bajar. Culpa de aquellos brutos que te sujetaron...
VICENTE.—Quizá no debí apresurarme a subir.
LA MADRE.—¡Si te lo mandó tu padre! ¿No te acuerdas? Todos teníamos que intentarlo como pudiésemos. Tú eras muy ágil y pudiste escalar la ventanilla de aquel retrete, pero a nosotros no nos dejaron ni pisar el estribo...

---

[34] Ya desde el inicio de esta segunda parte se plantea el motivo del tren, vinculado al recuerdo. La madre acaba de decir: «Pero me acuerdo»; aquí usa el verbo Vicente, que alude al momento a la «memoria» y confiesa algo sumamente importante: «¿cómo iba yo a olvidar aquello?»: él ha tenido siempre en su mente los hechos del pasado. La madre prefiere la concordia («Y tú, ¿por qué te acuerdas?») y expondrá la piadosa 'versión oficial' de lo sucedido.

(MARIO entra por el primer término izquierdo, con un libro bajo el brazo y jugando, ceñudo, con una ficha de teléfono. La luz creció sobre el velador poco antes. MARIO se sienta al velador. ENCARNA levanta los ojos enrojecidos y mira al vacío: acaso imagina que MARIO está donde efectivamente se encuentra. Durante los momentos siguientes MARIO bate de vez en cuando, caviloso, la ficha sobre el velador.)

VICENTE.—*(Entretanto.)* La pobre nena...

LA MADRE.—Sí, hijo. Aquello fue fatal. *(Se queda pensativa. ENCARNA torna a levantarse, consulta su reloj con atormentado gesto de duda y se queda apoyada contra el mueble, luchando consigo misma. LA MADRE termina su triste recuerdo.)* ¡Malditos sean los hombres que arman las guerras! *(Suena el timbre de la casa.)* Puede que sea tu hermano. *(Va al fondo y abre. Es su marido, que entra sin decir nada y llega hasta el cuarto de estar. Entretanto LA MADRE sale al zaguán e interpela a alguien invisible.)* ¡Gracias, señor Anselmo! Dígale a la señora Gabriela que ahora mismo subo. *(Cierra y vuelve. EL PADRE está mirando a VICENTE desde el quicio del pasillo.)* ¡Mira! Ha venido Vicentito.

EL PADRE.—Claro. Yo soy Vicentito.

LA MADRE.—¡Tu hijo, bobo!

(Ríe.)

EL PADRE.—Buenas tardes, señorito. A usted le tengo yo por aquí...

(Va a la mesa y revuelve sus postales.)

LA MADRE.—¿No te importa que te deje un rato con él? Como he prometido subir...

EL PADRE.—Quizá en la sala de espera.

(Va a la cómoda y abre el cajón, revolviendo muñecos de papel.)

VICENTE.—Sube, madre. Yo cuidaré de él.

EL PADRE.—Pues aquí no lo encuentro...

LA MADRE.—De todos modos, si viene Mario y tienes que irte...

VICENTE.—Tranquila. Esperaré a que bajes.

LA MADRE.—*(Le sonríe.)* Hasta ahora, hijo. *(Sale corriendo por el fondo, mientras murmura.)* Maldita vieja de los diablos, que no hace más que dar la lata...

(Abre y sale, cerrando. VICENTE mira a su padre. ENCARNA y MARIO miran al vacío. ENCARNA se humedece los labios, se apresta a una dura prueba. Con rapidez casi neurótica enfunda la máquina, recoge su bolso y, con la mano en el pestillo de la puerta, alienta, medrosa. Al fin abre y sale, cerrando. Desalentado por una espera que juzga ya inútil, MARIO se levanta y cruza para salir por la derecha. EL PADRE cierra el cajón de la cómoda y se vuelve.)

EL PADRE.—Aquí tampoco está usted. *(Ríe.)* Usted no está en ninguna parte.

(Se sienta a la mesa y abre una revista.)

VICENTE.—*(Saca una postal del bolsillo y la pone ante su padre.)* ¿Es aquí donde estoy, padre?

(EL PADRE examina detenidamente la postal y luego lo mira.)

EL PADRE.—Gracias, jovencito. Siempre necesito trenes. Van todos tan repletos...

(Mira otra vez la tarjeta, la aparta y vuelve a su revista.)

VICENTE.—¿Es cierto que no me recuerda?

EL PADRE.—¿Me habla usted a mí?

VICENTE.—Padre, soy su hijo.

EL PADRE.—¡Je! De algún tiempo a esta parte todos quieren ser mis hijos. Con su permiso, recortaré a este señor. Creo que sé quién es.

[VICENTE.—Y yo, ¿sabe quién soy?

EL PADRE.—Ya le he dicho que no está en mi archivo.

VICENTE.—*(Vuelve a ponerle delante la postal del tren.)* ¿Ni aquí?

EL PADRE.—Tampoco.

(Se dispone a recortar.)]

VICENTE.—¿Y Mario? ¿Sabe usted quién es?

EL PADRE.—Mi hijo. Hace años que no lo veo.

VICENTE.—Vive aquí, con usted.

EL PADRE.—*(Ríe.)* Puede que esté en la sala de espera.

VICENTE.—Y... ¿sabe usted quién es Elvirita? *(*EL PADRE *deja de reír y lo mira. De pronto se levanta, va al tragaluz, lo abre y mira al exterior. Pasan sombras truncadas de viandantes.)* No. No subieron al tren.

EL PADRE.—*(Se vuelve, irritado.)* Subieron todos. ¡Todos o ninguno!

VICENTE.—*(Se levanta.)* ¡No podían subir todos! ¡No hay que guardarle rencor al que pudo subir!...

(Pasan dos amigos hablando. Las sombras de sus piernas cruzan despacio. Apenas se distinguen sus palabras.)

EL PADRE.—¡Chist! ¿No los oye?

VICENTE.—Gente que pasa. *(Cruzan otras sombras.)* ¿Lo

ve? Pobres diablos a quienes no conocemos. *(Enérgico.)* ¡Vuelva a sentarse, padre! *(Perplejo,* EL PADRE *vuelve despacio a su sitio.* VICENTE *lo toma de un brazo y lo sienta suavemente.)* No pregunte tanto quiénes son los que pasan, o los que están en esas postales... Nada tienen que ver con usted y muchos de ellos ya han muerto. En cambio, dos de sus hijos viven... Tiene que aprender a reconocerlos. *(Cruzan sombras rápidas. Se oyen voces: «¡Corre, que no llegamos!» «¡Sí, hombre! ¡Sobra tiempo!»)* Ya los oye: personas corrientes, que van a sus cosas.

EL PADRE.—No quieren perder el tren.

VICENTE.—*(Se enardece.)* ¡Eso es una calle, padre! Corren para no perder el autobús, o porque se les hace tarde para el cine... *(Cruzan, en dirección contraria a las anteriores, las sombras de las piernas de dos muchachas. Se oyen sus voces: «Luisa no quería, pero Vicente se puso tan pesado, chica, que...» Se pierde el murmullo.* VICENTE *mira al tragaluz, sorprendido. Comenta, inseguro.)* Nada... Charlas de muchachas...

EL PADRE.—Han nombrado a Vicente.

VICENTE.—*(Nervioso.)* ¡A otro Vicente!

EL PADRE.—*(Exaltado, intenta levantarse.)* ¡Hablaban de mi hijo!

VICENTE.—*(Lo sujeta en la silla.)* ¡Yo soy su hijo! ¿Tiene usted algo que decirle a su hijo? ¿Tiene algo que reprocharle?[35]

EL PADRE.—¿Dónde está?

VICENTE.—¡Ante usted!

EL PADRE.—*(Después de mirarle fijamente vuelve a recortar su postal, mientras profiere, desdeñoso.)* Márchese.

---

[35] La mala conciencia de Vicente trata de hallar una salida en este diálogo con El padre. Le ha preguntado por Elvirita y la reacción de éste de dirigirse al tragaluz evoca en el espectador el final de la parte primera. En su mente cristalizada en el pasado, El padre recuerda siempre a la niña, aunque, con trágica ironía, Vicente no pueda saberlo. Él busca una exculpación tardía al preguntar si existe algún reproche contra él. Con todo ello, se va preparando la escena final.

(Cruzan sombras. VICENTE suspira y se acerca al tragaluz.)

VICENTE.—¿Por qué no dice «márchate» en lugar de «márchese»? Soy su hijo.

EL PADRE.—*(Mirándolo con ojos fríos.)* Pues márchate.

VICENTE.—*(Se vuelve en el acto.)* ¡Ah! ¡Por fin me reconoce! *(Se acerca.)* Déjeme entonces decirle que me juzga mal. Yo era casi un niño...

EL PADRE.—*(Pendiente del tragaluz.)* ¡Calle! Están hablando.

VICENTE.—¡No habla nadie!

(Mientras lo dice, la sombra de unas piernas masculinas ha cruzado, seguida por la más lenta de unas piernas de mujer, que se detienen. Se oyen sus voces.)

VOZ FEMENINA.—*(Inmediatamente después de hablar VICENTE.)* ¿Los protegerías?

VICENTE.—*(Inmediatamente después de la voz.)* ¡No hay nada ahí que nos importe!

(Aún no acabó de decirlo cuando se vuelve, asustado, hacia el tragaluz. La sombra masculina, que casi había desaparecido, reaparece.)

VOZ MASCULINA.—¡Vamos!

VOZ FEMENINA.—¡Contéstame antes!

VOZ MASCULINA.—No estoy para hablar de tonterías.

(Las sombras denotan que el hombre aferró a la mujer y que ella se resiste a caminar.)

VOZ FEMENINA.—Si tuviéramos hijos, ¿los protegerías?

VOZ MASCULINA.—¡Vamos, te he dicho!

(El hombre remolca a la mujer.)

Voz femenina.—*(Angustiada.)* ¡Di!... ¿Los protegerías?...

> *(Las sombras desaparecen.)*

Vicente.—*(Descompuesto.)* No puede ser... Ha sido otra casualidad... *(A su padre.)* ¿O no ha pasado nadie? [36]

El padre.—Dos novios.

Vicente.—¿Hablaban? ¿O no han dicho nada?

El padre.—*(Después de un momento.)* No sé.

> *(Vicente lo mira, pálido, y luego mira al tragaluz. De pronto, lo cierra con brusquedad.)*

Vicente.—*(Habla para sí, trémulo.)* No volveré aquí... No debo volver. No. *(El padre empieza a reír, suave pero largamente, sin mirarlo. Vicente se vuelve y lo mira, lívido.)* ¡No!... *(Retrocede hacia la cómoda, denegando.)* No.

> *(Se oyó la llave en la puerta. Entra Mario, cierra y llega hasta el cuarto de estar.)*

Mario.—*(Sorprendido.)* Hola.

Vicente.—Hola.

Mario.—¿Te sucede algo?

---

[36] Las voces del tragaluz reiteran la pregunta que hacía Encarna al principio de la obra. Pueden ser un añadido de los experimentadores («Algunas palabras procedentes del tragaluz se han inferido igualmente mediante los cerebros electrónicos», decía Ella al inicio), pero también cabe interpretarlas como una emanación del pensamiento de Vicente, preocupado por la cuestión: «Sabéis todos que los detectores lograron hace tiempo captar pensamientos.» Puede tratarse también de una «coincidencia significativa», como ha comentado el propio Buero Vallejo a propósito de este momento, dentro de su teoría de la tragedia moderna. «Surgen en ella —al igual que en la vida misma— coincidencias de orden casual, sí, pero que yo llamaría —como Jung— significativas»; véase Armando Carlos Isasi Angulo, «El teatro de Antonio Buero Vallejo (entrevista con el autor)», *Papeles de Son Armadans*, 67, núm. 201, diciembre de 1972, pág. 309.

VICENTE.—Nada.

MARIO.—*(Mira a los dos.)* ¿Y madre?

VICENTE.—Subió a casa de la señora Gabriela.

> *(MARIO cruza para dejar sobre su mesita el libro que traía.)*

EL PADRE.—*(Canturrea.)*

> La Rosenda está estupenda.
> La Vicenta está opulenta...

MARIO.—*(Se vuelve y mira a su hermano.)* Algo te pasa.

VICENTE.—Sal de esta casa, Mario.

MARIO.—*(Sonríe y pasea.)* ¿A jugar el juego?

EL PADRE.—Ven acá, señorito. ¿A que no sabes quién es ésta?

MARIO.—¿Cuál?

EL PADRE.—Ésta. *(Le da la lupa.)* Mira bien.

> *(ENCARNA entra por el primer término izquierdo y se detiene, vacilante, junto al velador. Consulta su reloj. No sabe si sentarse.)*

MARIO.—*(A su hermano.)* Es una calle muy concurrida de Viena.

EL PADRE.—¿Quién es?

MARIO.—Apenas se la distingue. Está parada junto a la terraza de un café. ¿Quién pudo ser?

EL PADRE.—¡Eso!

MARIO.—¿Qué hizo?

EL PADRE.—¡Eso! ¿Qué hizo?

MARIO.—*(A su hermano.)* ¿Y qué le hicieron?

EL PADRE.—Yo sé lo que le hicieron. Trae, señorito. Ella me dirá lo que falta. *(Le arrebata la postal y se levanta.)* Pero no aquí. Ella no hablará ante extraños.

> *(Se va por el pasillo, mirando la postal con la lupa, y entra en su habitación, cerrando.)*

VICENTE.—Vente a la Editora, Mario. En la primera etapa puedes dormir en mi casa. *(MARIO lo mira y se sienta, despatarrado, en el sillón de su padre.)* Estás en peligro: actúas como si fueses el profeta de un dios ridículo... De una religión que tiene ya sus ritos: las postales, el tragaluz, los monigotes de papel... ¡Reacciona!

> *(ENCARNA se decide y continúa su marcha, aunque lentamente, saliendo por el lateral derecho.)*

MARIO.—Me doy plena cuenta de lo extraños que somos. Pero yo elijo esa extrañeza.

VICENTE.—¿Eliges?

MARIO.—Mucha gente no puede elegir, o no se atreve. *(Se incorpora un poco; habla con gravedad.)* Tú y yo hemos podido elegir, afortunadamente. Yo elijo la pobreza.

VICENTE.—*(Que paseaba, se le encara.)* Se pueden tener ambiciones y ponerlas al servicio de una causa noble.

MARIO.—*(Frío.)* Por favor, nada de tópicos. El que sirve abnegadamente a una causa no piensa en prosperar y, por lo tanto, no prospera. ¡Quia! A veces, incluso pierde la vida... Así que no me hables tú de causas, ni siquiera literarias.

VICENTE.—No voy a discutir. Si es tu gusto, sigue pensando así. Pero ¿no puedes pensarlo... en la Editora?

MARIO.—¿En la Editora? *(Ríe.)* ¿A qué estáis jugando allí? Porque yo ya no lo sé...

VICENTE.—Sabes que soy hombre de ideas avanzadas. Y no sólo literariamente.

MARIO.—*(Se levanta y pasea.)* Y el grupo que os financia ahora, ¿también lo es?

VICENTE.—¿Qué importa eso? Usamos de su dinero y nada más.

MARIO.—Y ellos, ¿no os usan a vosotros?

VICENTE.—¡No entiendes! Es un juego necesario...

MARIO.—¡Claro que entiendo el juego! Se es un poco revolucionario, luego algo conservador... No hay inconve-

niente, pues para eso se siguen ostentando ideas avanzadas... El nuevo grupo nos utiliza... Nos dejamos utilizar,
puesto que los utilizamos... ¡Y a medrar todos! Porque
¿quién sabe ya hoy a lo que está jugando cada cual? Sólo
los pobres saben que son pobres.

VICENTE.—Vuelves a acusarme y eso no me gusta.

MARIO.—A mí no me gusta tu Editora.

VICENTE.—*(Se acerca y le aferra por un hombro.)* ¡No
quiero medias palabras!

MARIO.—¡Te estoy hablando claro! ¿Qué especie de re-
pugnante maniobra estáis perpetrando contra Beltrán?

VICENTE.—*(Rojo.)* ¿De qué hablas?

MARIO.—¿Crees que no se nota? La novela que le íbais
a editar, de pronto, no se edita. En las pruebas del nuevo
número de la revista, tres alusiones contra Beltrán; una de
ellas, en tu columna. Y un artículo contra él. ¿Por qué?

VICENTE.—*(Le da la espalda y pasea.)* Las colaboracio-
nes son libres.

MARIO.—También tú para encargar y rechazar colabo-
raciones. *(Irónico.)* ¿O no lo eres?

VICENTE.—¡Hay razones para todo eso!

MARIO.—Siempre hay razones para cometer una cana-
llada.

VICENTE.—Pero ¿quién es Beltrán? ¿Crees tú que él ha
elegido la oscuridad y la pobreza?

MARIO.—Casi. Por lo pronto, aún no tiene coche, y tú
ya lo tienes.

VICENTE.—¡Puede comprárselo cuando quiera!

MARIO.—Pero no quiere. *(Se acerca a su hermano.)* Le
interesan cosas muy distintas de las que te obsesionan a ti.
No es un pobre diablo más, corriendo tras su televisión o
su nevera; no es otro monicaco detrás de un volante,
orgulloso de obstruir un poco más la circulación de esta
ciudad insensata... Él ha elegido... la indiferencia.

VICENTE.—¡Me estás insultando!

MARIO.—¡Él es otra esperanza! Porque nos ha enseñado
que también así se puede triunfar..., aunque sea en precario... *(Grave.)* Y contra ese hombre ejemplar os estáis

inventando razones importantes para anularlo. Eso es tu Editora. *(Se están mirando intensamente. Suena el timbre de la casa.)* Y no quiero herirte, hermano. Soy yo quien está intentando salvarte a ti. *(Sale al pasillo. Abre la puerta y se encuentra ante él a* ENCARNA, *con los ojos bajos.)* ¿Tú? *(Se vuelve instintivamente hacia el cuarto de estar y baja la voz.)* Vete al café. Yo iré dentro de un rato.

> *(Pero* VICENTE *se ha asomado y reconoce a* ENCARNA.*)*

VICENTE.—¡Al contrario, que entre! Sin duda no es su primera visita. ¡Adelante, Encarna! *(*ENCARNA *titubea y se adelanta.* MARIO *cierra.)* Ya sabes que lo sospeché. *(Fuerte.)* ¿Qué haces ahí parada? *(*ENCARNA *avanza con los ojos bajos.* MARIO *la sigue.)* No me habéis engañado: sois los dos muy torpes. ¡Pero ya se acabaron todos los misterios! *(Ríe.)* ¡Incluidos los del viejo y los del tragaluz! No hay misterios. No hay más que seres humanos, cada cual con sus mezquindades. Puede que todos seamos unos redomados hipócritas, pero vosotros también lo sois. Conque ella era quien te informaba, ¿eh? Aunque no del todo, claro. También ella es hipócrita contigo. ¡Pura hipocresía, hermano! No hay otra cosa. Adobada, eso sí, con un poquito de romanticismo... ¿Sois novios? ¿Te dio ya el dulce «sí»? *(Se sienta, riendo.)* ¿A que no?
MARIO.—Aciertas. Ella no ha querido.
VICENTE.—*(Riendo.)* ¡Claro!
MARIO.—*(A* ENCARNA.*)* ¿Le hablaste de la carta?

> *(Ella deniega.)*

VICENTE.—¡Siéntate, Encarna! ¡Como si estuvieras en tu casa! *(Ella se sienta.)* ¡Vamos a ver! ¿De qué carta me tenías que hablar?

> *(Un silencio.)*

MARIO.—Sabes que estoy a tu lado y que te ayudaré.

(Un silencio.)

VICENTE.—¡Me intrigáis!

MARIO.—¡Ahora o nunca, Encarna!

ENCARNA.—*(Desolada.)* Yo... venía a decirte algo a ti. Sólo a ti. Después, le habría hablado. Pero ya...

(Se encoge de hombros, sin esperanza.)

MARIO.—*(Le pone una mano en el hombro.)* Te juro que no hay nada perdido. *(Dulce.)* ¿Quieres que se lo diga yo?

(Ella desvía la vista.)

VICENTE.—¡Sí, hombre! ¡Habla tú! Veamos qué misteriosa carta es ésa.

MARIO.—*(Después de mirar a* ENCARNA, *que rehúye la mirada.)* De una Editora de París, pidiéndoos los derechos de una obra de Beltrán.

VICENTE.—*(Lo piensa. Se levanta.)* Sí... llegó una carta y se ha traspapelado. *(Con tono de incredulidad.)* ¿La tenéis vosotros?

MARIO.—*(Va hacia él.)* Ha sido encontrada, hecha añicos, en tu cesto.

VICENTE.—*(Frío.)* ¿Te dedicas a mirar en los cestos, Encarna?

MARIO.—¡Fue casual! Al tirar un papel vio el membrete y le llamó la atención.

VICENTE.—¿Por qué no me lo dijiste? Le habríamos pasado en seguida una copia al interesado. No olvides llevarla mañana. *(*ENCARNA *lo mira, perpleja.)* Quizá la rasgué sin darme cuenta al romper otros papeles...

MARIO.—*(Tranquilo.)* Embustero.

VICENTE.—¡No te tolero insultos!

MARIO.—Y toda esa campaña de la revista contra Beltrán, ¿también es involuntaria? ¡Está mintiendo, Encarna!

¡No se lo consientas! ¡Tú puedes hablarle de muchas otras cosas!

VICENTE.—¡Ella no hablará de nada! [Y tampoco me habría hablado de nada después de hablar contigo, como ha dicho, porque tampoco a ti te habría revelado nada especial... Alguna mentirilla más, para que no la obligases a plantearme esas manías tuyas.] ¿Verdad, Encarna? Porque tú no tienes nada que reprocharme... Eso se queda para los ilusos que miran por los tragaluces y ven gigantes donde deberían ver molinos. *(Sonríe.)* No, hermano. Ella no dice nada... *(Mira a* ENCARNA, *que lo mira.)* Ni yo tampoco. *(Ella baja la cabeza.)* Y ahora, Encarna, escucha bien: ¿quieres seguir a mi lado?

>   *(Un silencio.* ENCARNA *se levanta y se aparta, turbada.)*

MARIO.—¡Contesta!
ENCARNA.—*(Musita, con enorme cansancio.)* Sí.
MARIO.—No.

>   *(Ella lo mira.)*

VICENTE.—¿Cómo?
MARIO.—Encarna, mañana dejas la Editora.
VICENTE.—*(Riendo.)* ¡Si no puede! Eso sí lo diré. ¿Tan loco te ha vuelto el tragaluz que ni siquiera te das cuenta de cómo es la chica con quien sales? ¿No la escuchabas, no le mirabas a la cara? ¿Le mirabas sólo a las piernas, como a los que pasan por ahí arriba? ¿No sabes que escribe «espontáneo» con equis? ¿Que confunde Belgrado con Bruselas? Y como no aprendió a guisar, ni a coser, no tiene otra perspectiva que la miseria..., salvo a mi lado. Y a mi lado seguirá, si quiere, porque..., a pesar de todo, la aprecio. Ella lo sabe... Y me gusta ayudar a la gente, si puedo hacerlo. Eso también lo sabes tú.

MARIO.—Has querido ofender con palabras suaves... ¡Qué torpeza! Me has descubierto el terror que le causas.

VICENTE.—¿Terror?

MARIO.—¡Ah, pequeño dictadorzuelo, con tu pequeño imperio de empleados a quienes exiges que te pongan buena cara mientras tú ahorras de sus pobres sueldos para tu hucha! ¡Ridículo aprendiz de tirano, con las palabras altruistas de todos los tiranos en la boca!...

VICENTE.—¡Te voy a cerrar la tuya!

MARIO.—¡Que se avergüence él de tu miedo, Encarna, no tú! Te pido perdón por no haberlo comprendido. Ya nunca más tendrás miedo. Porque tú sabes que aquí, desde mañana mismo, tienes tu amparo.

VICENTE.—¿Le estás haciendo una proposición de matrimonio?

MARIO.—Se la estoy repitiendo.

VICENTE.—Pero todavía no ha accedido. *(Lento.)* Y no creo que acceda. *(Un silencio.)* ¿Lo ves? No dice nada.

MARIO.—¿Quieres ser mi mujer, Encarna?

ENCARNA.—*(Con mucha dificultad, después de un momento.)* No.

> *(VICENTE resuella y sonríe, satisfecho. MARIO mira a ENCARNA, estupefacto, y va a sentarse lentamente al sillón de su padre.)*

VICENTE.—¡Ea! Pues aquí no ha pasado nada. Un desengaño sentimental sin importancia. Encarna permanece fiel a la Editora y me atrevo a asegurar que más fiel que nunca. No te molestes en ir por las pruebas; te las iré enviando para ahorrarte visitas que, sin duda, no te son gratas. Yo también te libraré de las mías: tardaré en volver por aquí. Vámonos, Encarna.

> *(Se encamina al pasillo y se vuelve. Atrozmente nerviosa, ENCARNA mira a los dos. MARIO juguetea, sombrío, con las postales.)*

ENCARNA.—Pero no así...

VICENTE.—*(Seco.)* No te entiendo.

ENCARNA.—Así no, Vicente... *(MARIO la mira.)* ¡Así no!

VICENTE.—*(Avanza un paso.)* ¡Vámonos!

ENCARNA.—¡No!... ¡No!

VICENTE.—¿Prefieres quedarte?

ENCARNA.—*(Con un grito que es una súplica.)* ¡Mario!

VICENTE.—¡Cállate y vámonos!

ENCARNA.—¡Mario, yo venía a decírtelo todo! Te lo juro. Y voy a decirte lo único que aún queda por decir...

VICENTE.—¿Estás loca?

ENCARNA.—Yo he sido la amante de tu hermano.

(MARIO se levanta de golpe, descompuesto. Corta pausa.)

VICENTE.—*(Avanza un paso, con fría cólera.)* Sólo un pequeño error: no ha sido mi amante. Es mi amante. Hasta ayer, por lo menos.

MARIO.—¡Canalla!

VICENTE.—*(Eleva la voz.)* Porque ahora, claro, sí ha dejado de serlo. Y también mi empleada...

MARIO.—*(Aferra a su hermano y lo zarandea.)* ¡Bribón!

ENCARNA.—*(Grita y procura separarlos.)* ¡No!

MARIO.—¡Gusano...!

(Lo golpea.)

ENCARNA.—¡No, por piedad!

VICENTE.—¡Quieto! ¡Quieto, imbécil! *(Logra repelerlo. Quedan los dos frente a frente, jadeantes. Entre los dos, ella los mira con angustia.)* ¡Ella es libre!

MARIO.—¡Ella no tenía otra salida!

VICENTE.—¡No vuelvas a inventar para consolarte! Ella me ha querido... un poco. *(ENCARNA retrocede hasta la cómoda, turbada.)* Y no es mala chica, Mario. Cásate con ella, si quieres. A mí ya no me interesa. Porque no es mala, pero es embustera, como todas. Además que, si no la amparas, se queda en la calle..., con un mes de sueldo. Tienes un mes para pensarlo. ¡Vamos, caballero andante! [37] ¡Concédele tu mano! ¿O no te atreves? No me vas a decir que tienes prejuicios: eso ya no se estila.

MARIO.—¡Su pasado no me importa!

VICENTE.—*(Con una leve risa contenida.)* Si te entiendo... De pronto, en el presente, ha dejado de interesarte. Como a mí. Pásate mañana por la caja, muchacha. Tendrás tu sobre. Adiós.

(Va a irse. Las palabras de MARIO *le detienen.)*

MARIO.—El sobre, naturalmente. Das uno, y a olvidar... ¡Pero tú no puedes olvidar, aunque no vuelvas! Cuando cometas tu próxima trapacería recuerda que yo, desde aquí, te estaré juzgando. *(Lo mira muy fijo y dice con extraño acento.)* Porque yo sé.

VICENTE.—*(Después de un momento.)* ¿De qué hablas?

MARIO.—*(Le vuelve la espalda.)* Vete.

VICENTE.—*(Se acerca.)* ¡Estoy harto de tus insidias! ¿A qué te refieres?

MARIO.—Antes de Encarna ya has destrozado a otros... Seguro que lo has pensado.

VICENTE.—¿El qué?

MARIO.—Que nuestro padre puede estar loco por tu culpa.

VICENTE.—¿Porque me fui de casa? ¡No me hagas reír!

MARIO.—¡Si no te ríes! *(Va a la mesa y recoge una postal.)* Toma. Ya es tarde para traerla. *(*VICENTE *se inmuta.* ENCARNA *intenta atisbar la postal.)* Sí, Encarna: la misma que no quiso traer hace días, él sabrá por qué.

VICENTE.—*(Le arrebata la postal.)* ¡No tienes derecho a pensar lo que piensas!

---

[37]   La alusión evoca el *Quijote* de Cervantes, presente en el subtexto de la obra por los temas de la locura y el altruismo, y a la que tienden asimismo otras referencias como la que hacía un poco antes Vicente en esta misma escena: «... los ilusos que miran por los tragaluces y ven gigantes donde deberían ver molinos».

MARIO.—¡Vete! ¡Y no mandes más sobres!

VICENTE.—*(Estalla.)* ¡Esto no puede quedar así!

MARIO.—*(Con una risa violenta.)* ¡Eso, tú sabrás!

VICENTE.—*(Manosea, nervioso, la postal.)* ¡Esto no va a quedar así!

> *(Se vuelve, ceñudo, traspone el pasillo y sale de la casa dando un tremendo portazo. MARIO dedica una larga, tristísima mirada a ENCARNA, que se la devuelve con ansiedad inmensa. Luego se acerca al tragaluz y mira, absorto, la claridad exterior.)*

ENCARNA.—Mario... *(Él no responde. Ella se acerca unos pasos.)* Él quería que me callara y yo lo he dicho... *(Un silencio.)* Al principio creí que le quería... Y, sobre todo, tenía miedo... Tenía miedo, Mario. *(Baja la voz.)* También ahora lo tengo. *(Largo silencio.)* Ten piedad de mi miedo, Mario.

MARIO.—*(Con la voz húmeda.)* ¡Pero tú ya no eres Encarna!...

> *(Ella parpadea, trémula. Al fin, comprende el sentido de esas palabras. Él las susurra para sí de nuevo, mientras deniega. Ella inclina la cabeza y se encamina al pasillo, desde donde se vuelve a mirarlo con los ojos arrasados. Después franquea el pasillo rápidamente y sale de la casa. La luz decrece. ELLA y ÉL reaparecen por los laterales. Dos focos los iluminan. ÉL señala a MARIO, que se ha quedado inmóvil.)*

ÉL.—Tal vez Mario pensó en aquel momento que es preferible no preguntar por nada ni por nadie.

ELLA.—Que es mejor no saber.

ÉL.—Sin embargo, siempre es mejor saber, aunque sea doloroso.

ELLA.—Y aunque el saber nos lleve a nuevas ignorancias.

ÉL.—Pues en efecto: ¿quién es ése? Es la pregunta que seguimos haciéndonos.

ELLA.—La pregunta invadió al fin el planeta en el siglo veintidós.

ÉL.—Hemos aprendido de niños la causa: las mentiras y catástrofes de los siglos precedentes la impusieron como una pregunta ineludible.

ELLA.—Quizá fueron numerosas, sin embargo, las personas que, en aquellos siglos atroces, guardaban ya en su corazón... ¿Se decía así?

ÉL.—Igual que decimos ahora: en su corazón.

ELLA.—Las personas que guardaban ya en su corazón la gran pregunta. Pero debieron de ser hombres oscuros, habitantes más o menos alucinados de semisótanos o de otros lugares parecidos.

(La luz se extingue sobre MARIO, *cuyo espectro se aleja lentamente.)*

ÉL.—Queremos recuperar la historia de esas catacumbas; preguntarnos también quiénes fueron ellos. [Y las historias de todos los demás: de los que nunca sintieron en su corazón la pregunta.]

ELLA.—Nos sabemos ya solidarios, no sólo de quienes viven, sino del pasado entero. Inocentes con quienes lo fueron; culpables con quienes lo fueron.

ÉL.—Durante siglos tuvimos que olvidar, para que el pasado no nos paralizase; ahora debemos recordar incesantemente, para que el pasado no nos envenene.

ELLA.—Reasumir el pasado vuelve más lento nuestro avance, pero también más firme.

ÉL.—Compadecer, uno por uno, a cuantos vivieron, es una tarea imposible, loca. Pero esa locura es nuestro orgullo.

ELLA.—Condenados a elegir, nunca recuperaremos la totalidad de los tiempos y las vidas. Pero en esa tarea se esconde la respuesta a la gran pregunta, si es que la tiene.

ÉL.—Quizá cada época tiene una, y quizá no hay ninguna. En el siglo diecinueve, un filósofo aventuró cierta respuesta [38]. Para la tosca lógica del siglo siguiente resultó absurda. Hoy volvemos a hacerla nuestra, pero ignoramos si es verdadera... ¿Quién es ése?

ELLA.—Ése eres tú, y tú y tú. Yo soy tú, y tú eres yo. Todos hemos vivido, y viviremos, todas las vidas.

ÉL.—Si todos hubiesen pensado al herir, al atropellar, al torturar, que eran ellos mismos quienes lo padecían, no lo habrían hecho... Pensémoslo así, mientras la verdadera respuesta llega.

ELLA.—Pensémoslo, por si no llega...

(Un silencio.)

ÉL.—Veintiséis horas después de la escena que habéis presenciado, esta oscura historia se desenlaza en el aposento del tragaluz.

> *(Señala al fondo, donde comienzan las vibraciones luminosas. Desaparecen los dos por los laterales. La luz se normaliza en el cuarto de estar. MARIO y EL PADRE vienen por el pasillo. EL PADRE se detiene y escucha; MARIO llega hasta su mesita y se sienta para hojear, abstraído, un libro.)*

EL PADRE.—¿Quién habla por ahí fuera?

MARIO.—Serán vecinos.

EL PADRE.—Llevo días oyendo muchas voces. Llantos, risas... Ahora lloran. *(Se acerca al tragaluz.)* Aquí tampoco es.

(Se acerca al pasillo.)

---

[38]   En mi estudio *La trayectoria dramática de Antonio Buero Vallejo*, pág. 370, expongo y razono que el filósofo aludido es Schopenhauer. En carta particular de 22 de julio de 1982, escrita a raíz de la aparición del libro, Antonio Buero me escribía, entre otras cosas: «no quiero dejar de [referirme] al filósofo del XIX en "El tragaluz" que yo nunca confieso (...) En efecto, es Schopenhauer».

MARIO.—Nadie llora.

EL PADRE.—Es ahí fuera. ¿No oyes? Una niña y una mujer mayor.

MARIO.—*(Seguro de lo que dice.)* La voz de la mujer mayor es la de madre.

EL PADRE.—¡Ji, ji! ¿Hablas de esa señora que vive aquí?

MARIO.—Sí.

EL PADRE.—No sé quién es. La niña sí sé quién es. *(Irritado.)* ¡Y no quiero que llore!

MARIO.—¡No llora, padre!

EL PADRE.—*(Escucha.)* No. Ahora no. *(Se irrita de nuevo.)* ¿Y quién era la que llamó antes? Era la misma voz. Y tú hablaste con ella en la puerta.

MARIO.—Fue una confusión. No venía aquí.

EL PADRE.—Está ahí fuera. La oigo.

MARIO.—¡Se equivoca!

EL PADRE.—*(Lento.)* Tiene que entrar.

> *(Se miran. EL PADRE va a sentarse y se absorbe en una revista. Una pausa. Se oye el ruido de la llave. LA MADRE entra y cierra. Llega al cuarto de estar.)*

LA MADRE.—*(Mira a hurtadillas a su hijo.)* Sal un rato si quieres, hijo.

MARIO.—No tengo ganas.

LA MADRE.—*(Con ansiedad.)* No has salido en todo el día...

MARIO.—No quiero salir.

LA MADRE.—*(Titubea. Se acerca y baja la voz.)* Hay alguien esperándote en la escalera.

MARIO.—Ya lo sé.

LA MADRE.—Se ha sentado en los peldaños... [A los vecinos les va a entrar curiosidad...]

MARIO.—Ya le he dicho [a ella] que se vaya.

LA MADRE.—¡Déjala entrar!

MARIO.—No.

LA MADRE.—¡Y os explicabais!

MARIO.—*(Se levanta y pasea.)* ¡Por favor, madre! Esto no es una riña de novios. Tú no puedes comprender.

(Un silencio.)

LA MADRE.—Hace una hora me encontré a esa chica en la escalera y me la llevé a dar una vuelta. Me lo ha contado todo. [Entonces yo le he dicho que volviera conmigo y que yo te pediría que la dejases entrar.] *(Un silencio.)* ¡Es una vergüenza, Mario! Los vecinos murmurarán... No la escuches si no quieres, pero déjala pasar. *(*MARIO *la mira, colérico, y va rápido a su cuarto para encerrarse. La voz de* LA MADRE *lo detiene.)* No quieres porque crees que no me lo ha contado todo. También me ha confesado que ha tenido que ver con tu hermano.

(Estupefacto, MARIO *cierra con un seco golpe la puerta que abrió.)*

MARIO.—*(Se acerca a su madre.)* Y después de saber eso, ¿qué pretendes? ¿Que me case con ella?

LA MADRE.—*(Débil.)* Es una buena chica.

MARIO.—¿No es a mi hermano a quien se lo tendrías que proponer?

LA MADRE.—Él... ya sabes cómo es...

MARIO.—¡Yo sí lo sé! ¿Y tú, madre? ¿Sabes cómo es tu favorito?

LA MADRE.—¡No es mi favorito!

MARIO.—También le disculparás lo de Encarna, claro. Al fin y al cabo, una ligereza de hombre, ¿no? ¡Vamos a olvidarlo, como otras cosas! ¡Es tan bueno! ¡Nos va a comprar una nevera! ¡Y, en el fondo, no es más que un niño! ¡Todavía se relame con las ensaimadas!

LA MADRE.—No hables así.

MARIO.—¡No es mala chica Encarna, no! ¡Y además, se comprende su flaqueza! ¡El demonio de Vicente es tan simpático! Pero no es mujer para él; él merece otra cosa. ¡Mario, sí! ¡Mario puede cargar con ella!

LA MADRE.—Yo sólo quiero que cada uno de vosotros viva lo más feliz que pueda...

MARIO.—¿Y me propones a Encarna para eso?

LA MADRE.—¡Te propongo lo mejor!...

MARIO.—¿Porque él no la quiere?

LA MADRE.—*(Enérgica.)* ¡Porque ella te quiere! *(Se acerca.)* Es tu hermano el que pierde, no tú. Allá él... No quiero juzgarlo... Tiene otras cualidades... Es mi hijo. *(Le toma de un brazo.)* Esa chica es de oro puro, te lo digo yo. Por eso te confesó ayer sus relaciones con Vicente.

MARIO.—¡No hay tal oro, madre! Le fallaron los nervios, simplemente. ¡Y no quiero hablar más de esto! *(Se desprende. Suena el timbre de la puerta. Se miran. LA MADRE va a abrir.)* ¡Te prohíbo que la dejes entrar!

LA MADRE.—Si tú no quieres, no entrará.

MARIO.—¡Entonces no abras!

LA MADRE.—Puede ser el señor Anselmo, o su mujer...

EL PADRE.—*(Se ha levantado y se inclina.)* La saludo respetuosamente, señora.

LA MADRE.—*(Se inclina, suspirando.)* Buenas tardes, señor.

EL PADRE.—Por favor, haga entrar a la niña.

> *(LA MADRE y el hijo se miran. Nuevo timbrazo. LA MADRE va a la puerta. EL PADRE mira hacia el pasillo.)*

MARIO.—¿A qué niña, padre?

EL PADRE.—*(Su identidad le parece evidente.)* A la niña.

> *(LA MADRE abre. Entra VICENTE.)*

VICENTE.—Hola, madre. *(La besa.)* Pregúntale a Mario si puede entrar Encarna.

MARIO.—*(Se ha asomado al oír a su hermano.)* ¿A qué vienes?

VICENTE.—Ocupémonos antes de esa chica. [No pensarás dejarla ahí toda la tarde...]

MARIO.—¿También tú temes que murmuren?

VICENTE.—*(Con calma.)* Déjala pasar.

MARIO.—¡Cierra la puerta, madre!

(LA MADRE *vacila y al fin cierra.* VICENTE *avanza, seguido de su madre.)*

EL PADRE.—*(Se sienta y vuelve a su revista.)* No es la niña.

VICENTE.—*(Sonriente y tranquilo.)* Allá tú. De todos modos voy a decirte algo. Admito que no me he portado bien con esa muchacha... *(A su madre.)* Tú no sabes de qué hablamos, madre. Ya te lo explicaré.

MARIO.—Lo sabe.

VICENTE.—¿Se lo has dicho? Mejor. Sí, madre: una ligereza que procuraré remediar. Quería decirte, Mario, que hice mal despidiéndola y que la he readmitido.

MARIO.—¿Qué?

VICENTE.—*(Risueño, va a sentarse al sofá.)* Se lo dije esta mañana, cuando fue a recoger su sobre.

MARIO.—¿Y... se quedó?

VICENTE.—[No quería, pero yo tampoco quise escuchar negativas.] Había que escribir la carta a Beltrán y me importaba que ella misma la llevase al correo. Y así lo hicimos. *(MARIO lo mira con ojos duros y va bruscamente a su mesita para tomar un pitillo.)* Te seré sincero: no es seguro que vuelva mañana. Dijo que... lo pensaría. ¿Por qué no la convences tú? No hay que hacer un drama de pequeñeces como éstas...

LA MADRE.—Claro, hijos...

VICENTE.—*(Ríe y se levanta.)* ¡Se me olvidaba! *(Saca de su bolsillo algunas postales.)* Más postales para usted, padre. Mire qué bonitas.

EL PADRE.—*(Las toma.)* ¡Ah! Muy bien... Muy bien.

MARIO.—¡Muy bien! Vicente remedia lo que puede, adora a su familia, mamá le sonríe, papá le da las gracias y, si hay suerte, Encarna volverá a ser complaciente... La vida es bella.

VICENTE.—*(Suave.)* Por favor...
MARIO.—*(Frío.)* ¿A qué has venido?
VICENTE.—*(Serio.)* A aclarar las cosas.
MARIO.—¿Qué cosas?
VICENTE.—Ayer dijiste algo que no puedo admitir. Y no quiero que vuelvas a decirlo.
MARIO.—No voy a decirlo.

(Enciende con calma su cigarrillo.)

VICENTE.—¡Pero lo piensas! Y te voy a convencer de que te equivocas.

(Inquieta y sin dejar de observarlos, LA MADRE *se sienta en un rincón.)*

MARIO.—Bajar aquí es peligroso para ti... ¿O no lo sabes?
VICENTE.—No temo nada. Tenemos que hablar y lo vamos a hacer.
LA MADRE.—Hoy no, hijos... Otro día, más tranquilos...
VICENTE.—¿Es que no sabes lo que dice?
LA MADRE.—Otro día...
VICENTE.—Se ha atrevido a afirmar que cierta persona... aquí presente... ha enloquecido por mi culpa.

(Pasea.)

LA MADRE.—Son cosas de la vejez, Mario...
VICENTE.—¡Quia, madre! Eso es lo que piensas tú, o cualquiera con la cabeza en su sitio. Él piensa otra cosa.
MARIO.—¿Y has venido a prohibírmelo?
VICENTE.—¡A que hablemos!
LA MADRE.—Pero no hoy... Ahora estáis disgustados...
VICENTE.—Hoy, madre.
MARIO.—Ya lo oyes, madre. Déjanos solos, por favor.
VICENTE.—¡De ninguna manera! Su palabra vale tanto como la tuya. ¡Quieres que se vaya para que no te desmienta!

MARIO.—Tú quieres que se quede para que te apoye.

VICENTE.—Y para que no se le quede dentro ese infundio que te has inventado.

MARIO.—¿Infundio? *(Se acerca a su padre.)* ¿Qué diría usted, padre?

> *(EL PADRE lo mira, inexpresivamente. Luego empieza a recortar un muñeco.)*

VICENTE.—¡Él no puede decir nada! ¡Habla tú! ¡Explícanos ya, si puedes, toda esa locura tuya!

MARIO.—*(Se vuelve y lo mira gravemente.)* Madre, si esa muchacha está todavía ahí fuera, dile que entre.

LA MADRE.—*(Se levanta, sorprendida.)* ¿Ahora?

MARIO.—Ahora, sí.

LA MADRE.—¡Tu hermano va a tener razón! ¿Estás loco?

VICENTE.—No importa, madre. Que entre.

LA MADRE.—¡No!

MARIO.—¡Hazla entrar! Es otro testigo.

LA MADRE.—¿De qué?

> *(Bruscamente, VICENTE sale al pasillo y abre la puerta. LA MADRE se oprime las manos, angustiada.)*

VICENTE.—Entra, Encarna. Mario te llama.

> *(Se aparta y cierra la puerta tras ENCARNA, que entra. Llegan los dos al cuarto de estar. EL PADRE mira a ENCARNA con tenaz interés.)*

ENCARNA.—*(Con los ojos bajos.)* Gracias, Mario.

MARIO.—No has entrado para hablar conmigo, sino para escuchar. Siéntate y escucha.

> *(Turbada por la dureza de su tono, ENCARNA va a sentarse en un rincón, pero la detiene la voz del PADRE.)*

EL PADRE.—Aquí, a mi lado... Te estoy recortando una muñeca...

LA MADRE.—*(Solloza.)* ¡Dios mío!

*(*ENCARNA *titubea.)*

MARIO.—Ya que no quieres irte, siéntate, madre.

(La conduce a una silla.)

LA MADRE.—¿Por qué esto, hijo?...

MARIO.—*(Por su hermano.)* Él lo quiere.

EL PADRE.—*(A* ENCARNA*.)* Mira qué bonita...

> *(*ENCARNA *se sienta junto al* PADRE*, que sigue recortando.* VICENTE *se sienta en la silla de la mesita.)*

LA MADRE.—*(Inquieta.)* ¿No deberíamos llevar a tu padre a su cuarto?

MARIO.—¿Quiere usted ir a su cuarto, padre? ¿Le llevo sus revistas, sus muñecos?

EL PADRE.—No puedo.

MARIO.—Estaría usted más tranquilo allí...

EL PADRE.—*(Enfadado.)* ¡Estoy trabajando! *(Sonríe a* ENCARNA *y le da palmaditas en una mano.)* Ya verás.

VICENTE.—*(Sarcástico.)* ¡Cuánta solemnidad!

MARIO.—*(Lo mira y acaricia la cabeza de su madre.)* Madre, perdónanos el dolor que vamos a causarte.

LA MADRE.—*(Baja la cabeza.)* Pareces un juez.

MARIO.—Soy un juez. Porque el verdadero juez no puede juzgar. Aunque, ¿quién sabe? ¿Puede usted juzgar, padre?...

> *(*EL PADRE *le envía una extraña mirada. Luego vuelve a su recorte.)*

VICENTE.—Madre lo hará por él, y por ti. Tú no eras más que un niño.

MARIO.—Ya hablaremos de aquello. Mira antes a tus víctimas más recientes. Todas están aquí.

VICENTE.—¡Qué lenguaje! No me hagas reír.

MARIO.—*(Imperturbable.)* Puedes mirar también a tus espaldas. Una de ellas sólo está en efigie. Pero lo han retratado escribiendo y parece por eso que también él te mira ahora. *(*VICENTE *vuelve la cabeza para mirar los recortes y fotos clavados en la pared.)* Sí: es Eugenio Beltrán.

VICENTE.—¡No he venido a hablar de él!

EL PADRE.—*(Entrega a* ENCARNA *el muñeco recortado.)* Toma. ¿Verdad que es bonito?

ENCARNA.—Gracias.

> *(Lo toma y empieza a arrugarlo, nerviosa.* EL PADRE *busca otra lámina en la revista.)*

VICENTE.—¡Sabes de sobra lo que he venido a discutir!

EL PADRE.—*(A* ENCARNA, *que, cada vez más nerviosa, manosea y arruga el muñeco de papel.)* ¡Ten cuidado, puedes romperlo! *(Efectivamente, las manos de* ENCARNA *rasgan, convulsas, el papel.)* ¿Lo ves?

ENCARNA.—*(Con dificultad.)* Me parece inútil seguir callando... No quiero ocultarlo más... Voy a tener un hijo.

> *(*LA MADRE *gime y oculta la cabeza entre las manos.* VICENTE *se levanta lentamente.)*

EL PADRE.—¿He oído bien? ¿Vas a ser madre? ¡Claro, has crecido tanto! *(*ENCARNA *rompe a llorar.)* ¡No llores, nena! ¡Tener un hijo es lo más bonito del mundo! *(Busca, febril, en la revista.)* Será como un niño muy lindo que hay aquí. Verás.

> *(Pasa hojas.)*

MARIO.—*(Suave, a su hermano.)* ¿No tienes nada que decir?

(Desconcertado, VICENTE *se pasa la mano por la cara.)*

EL PADRE.—*(Encontró la lámina.)* ¡Mira qué hermoso! ¿Te gusta?

ENCARNA.—*(Llorando.)* Sí.

EL PADRE.—*(Empuña las tijeras.)* Ten cuidado con éste, ¿eh? Éste no lo rompas.

(Comienza a recortar.)

ENCARNA.—*(Llorando.)* ¡No!...

VICENTE.—Estudiaremos la mejor solución, Encarna. Lo reconoceré... Te ayudaré.

MARIO.—*(Suave.)* ¿Con un sobre?

VICENTE.—*(Grita.)* ¡No es asunto tuyo!

LA MADRE.—¡Tienes que casarte con ella, Vicente!

ENCARNA.—No quiero casarme con él.

LA MADRE.—¡Debéis hacerlo!

ENCARNA.—¡No! No quiero. Nunca lo haré.

MARIO.—*(A* VICENTE.*)* Por consiguiente, no hay que pensar en esa solución. Pero no te preocupes. Puede que ella enloquezca y viva feliz..., como la persona que tiene al lado.

VICENTE.—¡Yo estudiaré con ella lo que convenga hacer! Pero no ahora. Es precisamente de nuestro padre de quien he venido a hablar.

*(*EL PADRE *se ha detenido y lo mira.)*

MARIO.—Repara... Él también te mira.

VICENTE.—¡Esa mirada está vacía! ¿Por qué no te has dedicado a mirar más a nuestra madre, en vez de observarle a él? ¡Mírala! Siempre ha sido una mujer expansiva, animosa. No tiene nieblas en la cabeza, como tú.

MARIO.—¡Pobre madre! ¿Cómo hubiera podido resistir sin inventarse esa alegría?

VICENTE.—*(Ríe.)* ¿Lo oyes, madre? Te acusa de fingir.

MARIO.—No finge. Se engaña de buena fe.

VICENTE.—¡Y a ti te engaña la mala fe! Nuestro padre está como está porque es un anciano, y nada más.

(Se sienta y enciende un cigarrillo.)

MARIO.—El médico ha dicho otra cosa.

VICENTE.—¡Ya! ¡El famoso trastorno moral!

MARIO.—Madre también lo oyó [39].

VICENTE.—Y supongo que también oyó tu explicación. El viejo levantándose una noche, hace muchos años, y profiriendo disparates por el pasillo..., casualmente poco después de haberme ido yo de casa.

MARIO.—Buena memoria.

VICENTE.—Pero no lo oyó nadie, sólo tú...

MARIO.—¿Me acusas de haberlo inventado?

VICENTE.—O soñado. Una cabeza como la tuya no es de fiar. Pero aunque fuera cierto, no demostraría nada. [Quizá fui algo egoísta cuando me marché de aquí, y también he procurado repararlo. ¡Pero] nadie se vuelve loco porque un hijo se va de casa, a no ser que haya una predisposición a trastornarse por cualquier minucia! Y eso me exime de toda culpa.

MARIO.—Salvo que seas tú mismo quien, con anterioridad, creases esa predisposición.

EL PADRE.—*(Entrega el recorte a* ENCARNA.*)* Toma. Este es su retrato.

ENCARNA.—*(Lo toma.)* Gracias.

VICENTE.—*(Con premeditada lentitud.)* ¿Te estás refiriendo al tren?

*(*LA MADRE *se sobresalta.)*

---

[39]   Naturalmente, Mario no se refiere a que La madre hubiese oído a El padre diciendo incoherencias tras haberse levantado una noche, pues en el primer acto ha aclarado que ella dormía; a quien ella oyó fue al médico, que «habló últimamente de un posible factor desencadenante».

MARIO.—*(Pendiente de su padre.)* Calla.

EL PADRE.—¿Te gusta?

ENCARNA.—Sí, señor.

EL PADRE.—¿Señor? Aquí todos me llaman padre... *(Le oprime con afecto una mano.)* Cuídalo mucho y vivirá.

> *(Toma otra revista y se absorbe en su contemplación.)*

VICENTE.—*(A media voz.)* Te has referido al tren. Y a hablar de él he venido.

> *(*EL PADRE *lo mira un momento y vuelve a mirar su revista.)*

LA MADRE.—¡No, hijos!

VICENTE.—¿Por qué no?

LA MADRE.—Hay que olvidar aquello.

VICENTE.—Comprendo que es un recuerdo doloroso para ti..., por la pobre nena. ¡Pero yo también soy tu hijo y estoy en entredicho! ¡Dile tú lo que pasó, madre! *(A* MARIO, *señalando al* PADRE.*)* ¡Él nos mandó subir a toda costa! Y yo lo logré. Y luego, cuando arrancó la máquina y os vi en el andén, ya no pude bajar. Me retuvieron. ¿No fue así, madre?

LA MADRE.—Sí, hijo.

> *(Rehúye su mirada.)*

VICENTE.—*(A* MARIO.*)* ¿Lo oyes? ¡Subí porque él me lo mandó!

MARIO.—*(Rememora.)* No dijo una palabra en todo el resto del día. ¿Te acuerdas, madre? Y luego, por la noche... *(A* VICENTE.*)* Esto no lo sabes aún, pero ella también lo recordará, porque entonces sí se despertó... Aquella noche se levantó de pronto y la emprendió a bastonazos con las paredes..., hasta que rompió el bastón: aquella cañita antigua que él usaba. Nuestra madre espantada, la nena llorando, y yo escuchándole una sola palabra mientras golpeaba y golpeaba las paredes de la sala de espera de la estación, donde nos habíamos metido a pasar la noche... *(EL PADRE atiende.)* Una sola palabra, que repetía y repetía: ¡Bribón!... ¡Bribón!...

LA MADRE.—*(Grita.)* ¡Cállate!

[EL PADRE.—*(Casi al tiempo, señala a la cómoda.)* ¿Pasa algo en la sala de espera?

MARIO.—Nada, padre. Todos duermen tranquilos.]

VICENTE.—¿Por qué supones que se refería a mí?

MARIO.—¿A quién, si no?

VICENTE.—Pudieron ser los primeros síntomas de su desequilibrio.

MARIO.—Desde luego. Porque él no era un hombre al uso. Él era de la madera de los que nunca se reponen de la deslealtad ajena.

VICENTE.—¿Estás sordo? ¡Te digo que él me mandó subir!

LA MADRE.—¡Nos mandó subir a todos, Mario!

MARIO.—Y bajar. «¡Baja! ¡Baja!», te decía, lleno de ira, desde el andén... Pero el tren arrancó... y se te llevó para siempre. Porque ya nunca has bajado de él.

VICENTE.—¡Lo intenté y no pude! Yo había escalado la ventanilla de un retrete. Cinco más iban allí dentro. Ni nos podíamos mover.

MARIO.—Te retenían.

VICENTE.—Estábamos tan apretados... Era más difícil bajar que subir. Me sujetaron, para que no me quebrara un hueso.

MARIO.—*(Después de un momento.)* ¿Y qué era lo que tú sujetabas?

VICENTE.—*(Después de un momento.)* ¿Cómo?

MARIO.—¿Se te ha olvidado lo que llevabas?

VICENTE.—*(Turbado.)* ¿Lo que llevaba?

MARIO.—Colgado al cuello. ¿O no lo recuerdas? *(Un silencio.* VICENTE *no sabe qué decir.)* Un saquito. Nuestras escasas provisiones y unos pocos botes de leche para la nena. Él te lo había confiado porque eras el más fuerte...

La nena murió unos días después. De hambre. *(LA MADRE llora en silencio.)* Nunca más habló él de aquello. Nunca. Prefirió enloquecer.

(Un silencio.)

VICENTE.—*(Débil.)* Fue... una fatalidad... En aquel momento, ni pensaba en el saquito...

LA MADRE.—*(Muy débil.)* Y no pudo bajar, Mario. Lo sujetaban...

(Largo silencio. Al fin, MARIO habla, muy tranquilo.)

MARIO.—No lo sujetaban; lo empujaban.

VICENTE.—*(Se levanta, rojo.)* ¡Me sujetaban!

MARIO.—¡Te empujaban!

VICENTE.—¡Lo recuerdas mal! ¡Sólo tenías diez años!

MARIO.—Si no podías bajar, ¿por qué no nos tiraste el saco?

VICENTE.—¡Te digo que no se me ocurrió! ¡Forcejeaba con ellos!

MARIO.—*(Fuerte.)* ¡Sí, pero para quedarte! Durante muchos años he querido convencerme de que recordaba mal; he querido creer en esa versión que toda la familia dio por buena. Pero era imposible, porque siempre te veía en la ventanilla, pasando ante mis ojos atónitos de niño, fingiendo que intentabas bajar y resistiendo los empellones que te daban entre risas aquellos soldadotes... ¿Cómo no ibas a poder bajar? ¡Tus compañeros de retrete no deseaban otra cosa! ¡Les estorbabas! *(Breve silencio.)* Y nosotros también te estorbábamos. La guerra había sido atroz para todos; el futuro era incierto y, de pronto, comprendiste que el saco era tu primer botín. No te culpo del todo; sólo eras un muchacho hambriento y asustado. Nos tocó crecer en años difíciles... ¡Pero ahora, hombre ya, sí eres culpable! Has hecho pocas víctimas, desde luego; hay innumerables canallas que las han hecho por miles, por millones. ¡Pero tú eres como ellos! Dale tiempo al tiempo y verás crecer el número de las tuyas... Y tu botín. *(*VICENTE, *que mostró, de tanto en tanto, tímidos deseos de contestar, se ha ido apagando. Ahora mira a todos con los ojos de una triste alimaña acorralada.* LA MADRE *desvía la vista.* VICENTE *inclina la cabeza y se sienta, sombrío.* MARIO *se acerca a él y le habla quedo.)* También aquel niño que te vio en la ventanilla del tren es tu víctima. Aquel niño sensible, a quien su hermano mayor enseñó de pronto, cómo era el mundo.

EL PADRE.—*(A* ENCARNA, *con una postal en la mano.)* ¿Quién es éste, muchacha?

ENCARNA.—*(Muy quedo.)* No sé.

EL PADRE.—¡Je! Yo, sí. Yo sí lo sé.

> *(Toma la lupa y mira la postal con mucho interés.)*

VICENTE.—*(Sin mirar a nadie.)* Dejadme solo con él.

MARIO.—*(Muy quedo.)* Ya, ¿para qué?

VICENTE.—¡Por favor!

> *(Lo mira con ojos extraviados.)*

MARIO.—*(Lo considera un momento.)* Vamos a tu cuarto, madre. Ven, Encarna.

> *(Ayuda a su madre a levantarse.* ENCARNA *se levanta y se dirige al pasillo.)*

LA MADRE.—*(Se vuelve hacia* VICENTE *antes de salir.)* ¡Hijo!...

> *(*MARIO *la conduce.* ENCARNA *va tras ellos. Entran los tres en el dormitorio y cierran la puerta. Una pausa.* EL PADRE *sigue mirando su postal.* VICENTE *lo mira y se levanta. Despacio, va a su lado y se sienta junto a la mesa, de perfil al* PADRE, *para no verle la cara.)*

VICENTE.—Es cierto, padre. Me empujaban [40]. Y yo no quise bajar. Les abandoné, y la niña murió por mi culpa. Yo también era un niño y la vida humana no valía nada entonces... En la guerra habían muerto cientos de miles de personas... Y muchos niños y niñas también..., de hambre o por las bombas... Cuando me enteré de su muerte pensé: un niño más. Una niña que ni siquiera había empezado a vivir... *(Saca lentamente del bolsillo el monigote de papel que su padre le dio días atrás.)* Apenas era más que este muñeco que me dio usted... *(Lo muestra con triste sonrisa.)* Sí. Pensé esa ignominia para tranquilizarme. Quisiera que me entendiese, aunque sé que no me entiende. Le hablo como quien habla a Dios sin creer en Dios, porque quisiera que Él estuviese ahí... *(EL PADRE deja lentamente de mirar la postal y empieza a mirarlo, muy atento.)* Pero no está, y nadie es castigado, y la vida sigue. Míreme: estoy llorando. Dentro de un momento me iré, con la pequeña ilusión de que me ha escuchado, a seguir haciendo víctimas... De vez en cuando pensaré que hice cuanto pude confesándome a usted y que ya no había remedio, puesto que usted no entiende... El otro loco, mi hermano, me diría: hay remedio. Pero ¿quién puede terminar con las canalladas en un mundo canalla?

(Manosea el arrugado muñeco que sacó.)

EL PADRE.—Yo.

VICENTE.—*(Lo mira.)* ¿Qué dice? *(Se miran.* VICENTE *desvía la vista.)* Nada. ¿Qué va a decir? Y, sin embargo, quisiera que me entendiese y me castigase, como cuando era un niño, para poder perdonarme luego... Pero ¿quién puede ya perdonar, ni castigar? Yo no creo en nada y usted está loco. *(Suspira.)* Le aseguro que estoy cansado

---

[40]   Es el momento, fundamental en la tragedia, de la anagnórisis o reconocimiento de la culpa. Vicente, que no ha conseguido borrar de su conciencia el peso de lo hecho en el pasado, proclama ahora ante El padre la verdad tanto tiempo ocultada.

de ser hombre. Esta vida de temores y de mala fe, fatiga
mortalmente. Pero no se puede volver a la niñez.

EL PADRE.—No.

> (*Se oyen golpecitos en los cristales.* EL PADRE
> *mira al tragaluz con repentina ansiedad. El hijo
> mira también, turbado.*)

VICENTE.—¿Quién llamó? (*Breve silencio.*) Niños. Siempre hay un niño que llama. (*Suspira.*) Ahora hay que
volver ahí arriba... y seguir pisoteando a los demás. Tenga.
Se lo devuelvo.

> (*Le entrega el muñeco de papel.*)

EL PADRE.—No. (*Con energía.*) ¡No!
VICENTE.—¿Qué?
EL PADRE.—No subas al tren.
VICENTE.—Ya lo hice, padre.
EL PADRE.—Tú no subirás al tren.

> (*Comienza a oírse, muy lejano, el ruido del
> tren.*)

VICENTE.—(*Lo mira.*) ¿Por qué me mira así, padre? ¿Es
que me reconoce? (*Terrible y extraviada, la mirada del
PADRE no se aparta de él.* VICENTE *sonríe con tristeza.*)
No. Y tampoco entiende... (*Aparta la vista; hay angustia
en su voz.*) ¡Elvirita murió por mi culpa, padre! ¡Por mi
culpa! Pero ni siquiera sabe usted ya quién fue Elvirita. (*El
ruido del tren, que fue ganando intensidad, es ahora muy
fuerte.* VICENTE *menea la cabeza con pesar.*) Elvirita... Ella
bajó a tierra. Yo subí... Y ahora habré de volver a ese tren
que nunca para...[41]

---

[41]   Vicente comete el error trágico de creer que El padre ya no piensa
en su hija muerta, cuando el espectador sabe que está obsesionado con
ella. De ahí que, al oír cómo Vicente reconoce su culpabilidad en la

*(Apenas se le oyen las últimas palabras, ahoga-
das por el espantoso fragor del tren. Sin que se
entienda nada de lo que dice, continúa hablando bajo el ruido insoportable. EL PADRE se está
levantando.)*

EL PADRE.—¡No!... ¡No!...

*(Tampoco se oyen sus crispadas negaciones. En
pie y tras su hijo, que sigue profiriendo palabras
inaudibles, empuña las tijeras. Sus labios y su
cabeza dibujan de nuevo una colérica negativa
cuando descarga, con inmensa furia, el primer
golpe, y vuelven a negar al segundo, al tercero... Apenas se oye el alarido del hijo a la
primera puñalada, pero sus ojos y su boca se
abren horriblemente. Sobre el ruido tremendo
se escucha, al fin, más fuerte, a la tercera o
cuarta puñalada, su última imploración.)*

VICENTE.—¡Padre!...

*(Dos o tres golpes más, obsesivamente asesta-
dos por el anciano entre lastimeras negativas,
caen ya sobre un cuerpo inanimado, que se
inclina hacia delante y se desploma en el suelo.
EL PADRE lo mira con ojos inexpresivos, suelta
las tijeras y va al tragaluz, que abre para mirar
afuera. Nadie pasa. El ruido del tren, que está
disminuyendo, todavía impide oír la llamada
que dibujan sus labios.)*

EL PADRE.—¡Elvirita!...

---

muerte de Elvirita y su propósito de «volver al tren», lo impida con su
fulminante reacción. Así aplica el 'castigo' que su hijo pedía y a la vez,
en su locura, evita que éste suba al tren y sea el causante de ninguna
víctima.

*(La luz se extingue paulatinamente. El ruido
del tren se aleja y apaga al mismo tiempo.
Oscuridad total en la escena. Silencio absoluto.
Un foco ilumina a los investigadores.)*

ELLA.—El mundo estaba lleno de injusticia, guerras y
miedo. Los activos olvidaban la contemplación; quienes
contemplaban no sabían actuar.

ÉL.—Hoy ya no caemos en aquellos errores. Un ojo
implacable nos mira, y es nuestro propio ojo. El presente
nos vigila; el porvenir nos conocerá, como nosotros a
quienes nos precedieron.

ELLA.—Debemos, pues, continuar la tarea imposible:
rescatar de la noche, árbol por árbol y rama por rama, el
bosque infinito de nuestros hermanos. Es un esfuerzo
interminable y melancólico: nada sabemos ya, por ejemplo, del escritor aquel a quien estos fantasmas han citado
reiteradamente. Pero nuestro próximo experimento no lo
buscará; antes exploraremos la historia de aquella mujer
que, sin decir palabra, ha cruzado algunas veces ante
vosotros.

ÉL.—El Consejo promueve estos recuerdos para ayu-
darnos a afrontar nuestros últimos enigmas.

ELLA.—El tiempo... La pregunta...

ÉL.—Si no os habéis sentido en algún instante verdaderos seres del siglo veinte, pero observados y juzgados por
una especie de conciencia futura; si no os habéis sentido
en algún otro momento como seres de un futuro hecho ya
presente que juzgan, con rigor y piedad, a gentes muy
antiguas y acaso iguales a vosotros, el experimento ha
fracasado.

ELLA.—Esperad, sin embargo, a que termine. Sólo resta
una escena [42]. Sucedió once días después. Hela aquí.

---

[42]   Esta «escena», como se la denomina explícitamente, en uso de un
metalenguaje teatral, es claramente anticlimática, tal como Buero Vallejo
prefiere para sus obras, por lo menos desde *Un soñador para un pueblo.*
Tras los momentos de mayor tensión emocional, la presencia de un final

(Señala al lateral izquierdo, donde crecen las vibraciones luminosas, y desaparece con su compañero. El lateral derecho comienza a iluminarse también. Sentados al velador del café, ENCARNA y MARIO miran al vacío.)

ENCARNA.—¿Has visto a tu padre?

MARIO.—Ahora está tranquilo. Le llevé revistas, pero no le permiten usar tijeras. Empezó a recortar un muñeco... con los dedos. *(ENCARNA suspira.)* ¿Quién es mi padre, Encarna?

ENCARNA.—No te comprendo.

MARIO.—¿Es alguien?

ENCARNA.—¡No hables así!

MARIO.—¿Y nosotros? ¿Somos alguien?

ENCARNA.—Quizá no somos nada.

(Un silencio.)

MARIO.—¡Yo lo maté!

ENCARNA.—*(Se sobresalta.)* ¿A quién?

MARIO.—A mi hermano.

ENCARNA.—¡No, Mario!

MARIO.—Lo fui atrayendo... hasta que cayó en el precipicio.

ENCARNA.—¿Qué precipicio?

MARIO.—Acuérdate del sueño que te conté aquí mismo.

ENCARNA.—Sólo un sueño, Mario... Tú eres bueno.

MARIO.—Yo no soy bueno; mi hermano no era malo. Por eso volvió. A su modo, quiso pagar.

ENCARNA.—Entonces, no lo hiciste tú.

MARIO.—Yo le incité a volver. ¡Me creía pasivo, y estaba actuando tremendamente!

---

más tranquilo permite vislumbrar la conciliación de las fuerzas desplegadas en la acción, como ocurre de forma muy clara en nuestra obra. Al mismo tiempo, ello permite asimismo el surgimiento de la conciencia crítica, que no se ve así arrastrada por el torrente de emociones.

ENCARNA.—Él quería seguir engañándose... Acuérdate. Y tú querías salvarlo.

MARIO.—Él quería engañarse... y ver claro; yo quería salvarlo... y matarlo. ¿Qué queríamos en realidad? ¿Qué quería yo? ¿Cómo soy? ¿Quién soy? ¿Quién ha sido víctima de quién? Ya nunca lo sabré... Nunca.

ENCARNA.—No lo pienses.

MARIO.—*(La mira y baja la voz.)* ¿Y qué hemos hecho los dos contigo?

ENCARNA.—¡Calla!

MARIO.—¿No te hemos usado los dos para herirnos con más violencia?

(Un silencio.)

ENCARNA.—*(Con los ojos bajos.)* ¿Por qué me has llamado?

MARIO.—*(Frío.)* Quería saber de ti. ¿Continúas en la Editora?

ENCARNA.—Me han echado.

MARIO.—¿Qué piensas hacer?

ENCARNA.—No lo sé. *(La prostituta entra por la derecha. Con leve y aburrido contoneo profesional, se recuesta un momento en la pared.* ENCARNA *la ve y se inmuta. Bruscamente se levanta y toma su bolso.)* Adiós, Mario.

(Se encamina a la derecha.)

MARIO.—Espera.

> *(*ENCARNA *se detiene. Él se levanta y llega a su lado.* LA ESQUINERA *los mira con disimulada curiosidad y, al ver que no hablan, cruza ante ellos y sale despacio por la izquierda. El cuarto de estar se va iluminando; vestida de luto,* LA MADRE *entra en él y acaricia, con una tristeza definitiva, el sillón de su marido.)*

ENCARNA.—*(Sin mirar a* MARIO.*)* No juegues conmigo.

MARIO.—No jugaré contigo. No haré una sola víctima más, si puedo evitarlo. Si todavía me quieres un poco, acéptame.

ENCARNA.—*(Se aparta unos pasos, trémula.)* Voy a tener un hijo.

MARIO.—Será nuestro hijo. *(Ella tiembla, sin atreverse a mirarlo. Él deniega tristemente, mientras se acerca.)* No lo hago por piedad. Eres tú quien debe apiadarse de mí.

ENCARNA.—*(Se vuelve y lo mira.)* ¿Yo, de ti?

MARIO.—Tú de mí, sí. Toda la vida.

ENCARNA.—*(Vacila y, al fin, dice sordamente, con dulzura.)* ¡Toda la vida!

> *(*LA MADRE *se fue acercando al invisible tragaluz. Con los ojos llenos de recuerdos, lo abre y se queda mirando a la gente que cruza. La reja se dibuja sobre la pared; sombras de hombres y mujeres pasan; el vago rumor callejero inunda la escena. La mano de* ENCARNA *busca, tímida, la de* MARIO. *Ambos miran al frente.)*

MARIO.—Quizá ellos algún día, Encarna... Ellos sí, algún día... Ellos...

> *(Sobre la pared del cuarto de estar las sombras pasan cada vez más lentas; finalmente, tanto* LA MADRE, MARIO *y* ENCARNA, *como las sombras, se quedan inmóviles. La luz se fue extinguiendo; sólo el rectángulo del tragaluz permanece iluminado. Cuando empieza a apagarse a su vez,* ÉL *y* ELLA *reaparecen por los laterales.)*

ÉL.—Esto es todo.

ELLA.—Muchas gracias.

TELÓN

COLECCIÓN AUSTRAL

Serie azul: Narrativa
Serie roja: Teatro
Serie amarilla: Poesía
Serie verde: Ciencias/Humanidades

ÚLTIMOS TÍTULOS PUBLICADOS